Jochen Stork

Unter Mitarbeit von
Elfi Freiberger, Annette Fuchs, Mirjam Hirschauer,
Werner Hüttl, Anna-Luise Thaler

Vom Kinderbuch zum Märchen[1]

Wege der Phantasiebildung in den ersten Lebensjahren[2]

Spruch einer uralten Gedenktafel:
Laßt euch die Kindheit nicht austreiben! Schaut, die meisten
Menschen legen ihre Kindheit ab wie einen alten Hut. Sie verges-
sen sie wie eine Telefonnummer, die nicht mehr gilt. Ihr Leben
kommt ihnen vor wie eine Dauerwurst, die sie allmählich auf-
essen, und was gegessen worden ist, existiert nicht mehr. (...)
Früher waren sie Kinder, dann wurden sie Erwachsene, aber was
sind sie nun? Nur wer erwachsen wird und Kind bleibt, ist ein
Mensch.

Erich Kästner[3]

I. Einführung

Im Sinn des Zitats von Erich Kästner bewegt sich dieses Themenheft
auf den Spuren der Phantasiewelt des Kindes. Wie er uns erinnert, vergessen wir leicht, daß die Vorstellungswelt des Kindes die Grundlage
des psychischen und geistigen Lebens des Menschen bedeutet und sogar
unser körperliches Wohlergehen eng mit ihr verknüpft ist. In diesem
Zusammenhang rechtfertigt sich Kästners kühne Behauptung: «Nur
wer erwachsen wird und ein Kind bleibt, ist ein Mensch.» Dieser Aus-
spruch bekommt noch eine andere Dimension, wenn ich ein bekanntes
Zitat von Winnicott (1945, S. 66) hinzunehme. Es lautet: «Wir können

[1] Die vorliegende Arbeit entstand im Zusammenhang mit dem 13. Kolloquium der
Poliklinik für Kinder- und Jugendpsychotherapie am Biederstein, das unter demselben Titel am 8. und 9. Mai 1998 stattfand.
[2] Der VERSICHERUNGSKAMMER BAYERN sagen wir unseren herzlichen Dank
für die großzügige Unterstützung unserer Arbeit an der Poliklinik für Kinder- und
Jugendpsychotherapie am Biederstein.
[3] Kästner, E. (1952): Die kleine Freiheit, S. 15.

hoffen, durch den künstlerischen Ausdruck mit unserem primitiven Selbst, aus dem die stärksten Gefühle und sogar schneidend scharfe Empfindungen stammen, in Berührung zu bleiben, und wir sind wirklich arm dran, wenn wir lediglich geistig gesund sind.»

Damit steht die Fähigkeit zur Phantasietätigkeit als Grundlage der Menschwerdung mit ihrem Ursprung in der frühen Kindheit und ihren primitiven archaischen Anteilen, die in einem ursprünglichen Konflikt begriffen sind, im Mittelpunkt dieser Ausführungen.

Als Psychoanalytiker sind wir in der psychoanalytischen Situation tagtäglich mit der Phantasiewelt unserer Patienten konfrontiert. Wir erfahren, wie einfallsreich und phantastisch und wie gleichfalls geheimnisvoll und rätselhaft sie sich uns darstellt. Ihre metaphorischen und symbolischen Ausdrucksformen lassen uns in ihr eine psychische Realität erkennen, die, unmittelbar und mittelbar vom Einfluß des Unbewußten geprägt, nach Mitteilung und Anteilnahme strebt – eine Aufforderung, der wir oft nur mit großer Anstrengung gewachsen sind. Nicht minder jedoch sind wir beeindruckt, wenn wir feststellen können, welch stringente Ordnung dem Reichtum und der Widersprüchlichkeit sowie der Irrationalität dieser Phantasiewelt innewohnt und wie sie den Gesetzmäßigkeiten des Unbewußten folgt.

Anders als in der psychoanalytischen Situation erhalten wir über das Bilder- und Kinderbuch und über das Märchen die Möglichkeit, Einblick in die Phantasietätigkeit unserer Kinder zu erhalten. Man wird mir einwenden, daß Kinderbücher und Märchen von Erwachsenen geschaffen sind und oftmals am Kind vorbeigehen. Auch wird in regelmäßigen Abständen aus ideologischer Sicht die Überzeugung propagiert, beide hätten eine durch und durch negative Auswirkung auf das Kind. Gmelin (1977, S. 24-52) geht sogar so weit, Kinderbuch und Märchen als literarischen Müll zu schmähen: auf verbrecherische Art und Weise zerstörten sie eine Ordnungskoordinate des menschlichen Bewußtseins, nämlich die historische Dimension, und würden den Kindern das Gift der Aggression, der Unterdrückung und der Untertänigkeit einträufeln und damit die Entfremdung zwischen den Menschen einführen.

Kinderbücher und Märchen stellen in der Tat die ersten Erfahrungen des Kindes mit der Kultur dar, in der seine Eltern leben und in der es aufwächst. Und es ist keine Seltenheit, daß das Kind auf diese Weise extreme und feindliche Vorstellung über bestimmte ethnische Gruppen, Minderheiten und dergleichen vermittelt bekommt. Ich bin nicht blind gegenüber solchen Versuchen, die die Nationalsozialisten angestellt haben, um Kinder schon früh für eine bedingungslose Unterordnung und Hörigkeit gegenüber der Autorität vorzubereiten, um sie später in naiver Begeisterung in einen verbrecherischen Krieg zu schicken. Dennoch sollte man die Kirche im Dorf lassen. Mit gutem Gewissen kann man feststellen, daß heute, abgesehen von extremen Beispielen, aus dem großen Angebot an Kinderbüchern nur ganz wenige bezichtigt werden können, solche Absichten zu verfolgen, und sei es auch nur ungewollt. Dergleichen Vorwürfe gegenüber dem Märchen zu erheben, wie es Gmelin tut (1977), insbesondere die dort zum Ausdruck kommende Aggression in dieser Weise zu geißeln und zu verurteilen bedeutet, das Kind, sein Phantasieleben und seine psychische Realität zu verkennen und mißzuverstehen. Damit ist natürlich nicht gesagt, daß wir das Kind mit den zerstörerischen Elementen, die im Märchen auftreten, in direkter und unvermittelter Weise konfrontieren sollten. Dennoch sind wir sogar verpflichtet, es an diese dunklen Seiten des menschlichen Wesens heranzuführen und ihm den Zugang dazu zu ermöglichen, nicht nur damit es erfährt, daß das Leben auch Aggression und Zerstörung kennt. Schon für das Kind ist die Bewußtwerdung und Gestaltung seines eigenen Trieblebens und seiner persönlichen Phantasien eine schwer zu bewältigende Aufgabe.

Wir besitzen heute reiche Kenntnisse darüber, und können die meisten psychischen Krankheiten damit in ursächliche Verbindung bringen, daß Verdrängung, Verleugnung und Abspaltung der Aggressivität, insbesondere in ihren unbewußten Anteilen, einer Unterdrückung der Individuation gleichkommt. Unbarmherzige Schuldgefühle sind das unmittelbare Ergebnis dieses Geschehens, in dem die primären Bezugspersonen auf maligne Weise in einem Prozeß von Verklebung und Verstrickung beteiligt sind. Wenn dieser Prozeß einmal in Gang gekommen ist, gibt es kaum ein Entrinnen aus dem Teufelskreis, der sich zwischen Aggression und Schuldgefühl bildet und – im Wiederholungszwang – der Individuation keinen Raum zur Entfaltung ermöglicht.

Ausgangspunkt

Die vorliegende Arbeit will versuchen, aus psychoanalytischer Sicht eine Ordnung und Orientierung über das Bilder- und Kinderbuch im Verhältnis zum Märchen zu schaffen. Ein solches Unternehmen erscheint uns dringend notwendig, nachdem wir bei der Durchsicht der Literatur auf die erstaunliche Tatsache gestoßen sind, daß die Psychoanalyse, wie ebenfalls die Kinderanalyse, sich bisher kaum dieses weiten und interessanten Bereichs, der grundsätzlich die Auseinandersetzung mit der Phantasiewelt des Kindes betrifft, angenommen hat. Die wenigen Arbeiten, die sich mit einzelnen Büchern oder speziellen Aspekten beschäftigt haben, sind an einer Hand aufzuzählen, und eine allgemeine Meinungsbildung hat von psychoanalytischer Seite überhaupt nicht stattgefunden. Diese zu bedauernde Tatsache bringe ich mit dem Umstand in Zusammenhang, daß das Interesse für eine inhaltliche Analyse gegenüber strukturanalytischen Aspekten überwiegend vernachlässigt wurde.

Der Titel «Vom Kinderbuch zu Märchen» könnte zu Mißverständnissen verleiten, falsche Erwartungen wecken und benötigt einige Erklärungen.

Am Ausgangspunkt und im Mittelpunkt der Überlegungen dieser Arbeit steht im eigentlichen Sinne das Bilderbuch für Kinder. Ihm wird besondere Aufmerksamkeit gewidmet, und ich werde Gelegenheit haben, zwei diametral unterschiedliche Kinderbuchtypen zu beschreiben, denen zwei Phantasie- und Vorstellungswelten des Kindes und des Erwachsenen entsprechen. Dabei möchte ich auf die Wechselseitigkeit zwischen beiden und die Dialektik in ihrer Konflikthaftigkeit eingehen. Weiterhin werde ich versuchen zu zeigen, welchen Platz das Märchen in diesem Prozeß der Phantasietätigkeit gegenüber dem Kinderbuch einnimmt.

Sowohl das Kinderbuch als auch das Märchen stellen heute kaum übersehbare Bereiche dar, zu denen eine Unzahl von primärer und sekundärer Literatur gehören. Die Zahl der im Augenblick verfügbaren Titel an Bilder- und Kinderbüchern beläuft sich auf mehr als 16 000. Daher überschreitet es bei weitem unsere Möglichkeiten, diese auch nur annähernd erschöpfend darzustellen. Wir sind also gezwungen, uns bei unserer Übersicht an einer Auswahl zu orientieren. Wenn damit eine große Einseitigkeit einhergeht, wird sie vielleicht durch den Umstand aufgewogen, daß es sich um einen ersten Versuch handelt, auf diesem weiten Gebiet eine Orientierung zu finden.

Mit dieser Aufgabe konfrontiert, stellt sich uns zu Anfang die heikle Frage, wie in dem übergroßen Angebot von Kinderbüchern eine Auswahl getroffen werden kann, die eine Aussage von Wert möglich macht. Wir haben uns mit einigen Ausnahmen an zwei Kriterien gehalten. Sie betreffen zum einen die Verbreitung und zum anderen die besondere Wertschätzung. Anders ausgedrückt besagt dies, daß wir uns bei unserer Auswahl einerseits an die Klassiker unter den Kinderbüchern gehalten und andererseits diejenigen Bücher einer näheren Untersuchung unterzogen haben, die in besonders hohen Auflagen verkauft werden. Das besagt jedoch nicht, daß wir akribisch diesen beiden Kriterien gefolgt sind. Oft geschah es, daß wir verwandte, besonders ausgefallene oder umstrittene Kinderbücher in die Diskussion einbezogen haben, um bestimmte Haupt- und

Nebenaspekte besser verständlich zu machen. In einer Reihe von Fällen haben wir auch auf die Reaktion von Kindern und Eltern gegenüber Bilderbüchern zurückgegriffen oder Beobachtungen aus psychoanalytischen Behandlungen in unsere Überlegungen aufgenommen. Dies hätte in noch viel größerem Rahmen geschehen können, – ein Unternehmen, das einer späteren Arbeit vorbehalten bleiben muß.

Die Einführung abschließend möchte ich darauf hinweisen, daß wir die Entwicklungsaspekte des Kindes im Zusammenhang mit seinem Interesse für Kinderbücher vernachlässigt haben. Für uns steht die Auseinandersetzung mit den Inhalten der Bücher im Mittelpunkt. Die Beschäftigung mit der Frage, welches Bilderbuch für welches Alter bevorzugt werden sollte, ist nicht einfach zu beantworten. Ich erinnere nur daran, daß auch viele Erwachsene mit Freude und Gewinn Bilderbücher für Kinder betrachten und sich dieser Regression in die Kindheit mit Genuß hingeben. Vornehmlich handelt es sich hierbei natürlich um Bücher, die von Künstlern geschaffen wurden, um kleine Meisterwerke, die große Berühmtheit erlangten.

Abriß zur Geschichte von Märchen und Bilderbuch

Ein kurzer Abriß und Überblick über die Geschichte des Märchens und des Kinderbuches hilft uns, ihre Bedeutung einzuschätzen und die immense Aufgabe zu erkennen, die dieser Literaturgattung zufällt. Dabei zeigt sich, daß beide eine recht unterschiedliche Geschichte haben und sie erst in diesem Jahrhundert beginnen, sich in ihrem Inhalt aufeinander zuzubewegen.

Wenn man den Spuren des Märchens in der Menschheitsgeschichte nachgeht, macht man eine Reihe von überraschenden Entdeckungen. Die erste besteht darin, daß das Vorhandensein mündlich erzählter Märchenstoffe bei so gut wie allen Volksstämmen belegt ist. Unabhängig davon, welche kulturelle Entwicklung sie besitzen und wo immer wir Zugang zu schriftlichen Zeugnissen aus entferntesten Zeiten haben, sind uns märchenhafte Erzählungen, Märchenfragmente und Märchenmotive aus allen frühen Hochkulturen überliefert. Beginnend mit dem Gilgamesch-Epos, dessen erste, auf Steinplatten gemeißelte Fassung aus dem 3. Jahrtausend v. Chr. stammt, über die ägyptischen Papyri und das Alte Testament, bis hin zu den griechischen und römischen Mythen finden wir märchenhafte Motive. Ich erinnere nur an die Erzählungen über Herakles, Perseus und Theseus, aufgezeichnet von Apuleius, Ovid, Petronius u. a.

Waren die Märchen der frühesten Zeit aufs engste mit religiösen Themen verwoben, beginnen sie sich insofern von diesen abzuheben, als sie sich nicht ausschließlich mit transzendenten und heiligen Dingen beschäftigen, die durch Gottheiten personifiziert sind. Eine zweite Entdeckung ist, daß das Märchen sich schon früh dadurch auszeichnet, daß es eine gewisse Distanz gegenüber den Religionen einnimmt und im Gegenpart eine weltliche Haltung vertritt. Auf diese Weise bekommen, was oft übersehen wird, die Forderungen nach einem normativen Verhalten und überhaupt die Gewichtigkeit der Moralvorstellungen, die jeder Religion innewohnen, sozusagen ein Gegengewicht. Es ist das Märchen, so will es mir scheinen, das mit seinen irrationalen Erzählungen, für den Verstand nicht einfach zugänglich, Verdichtungen und Verschiebungen erschafft, die zum Spiegel der menschlichen und allzumenschlichen Konflikte werden und damit dem Unbewußten Gestaltung und Realität geben.

Die erste Märchensammlung, vermischt mit anderen Erzählungen, entstand mit dem Buch, welches wir als *Die Erzählungen aus den Tausendundein Nächten* kennen. Wir haben gute Gründe zu der Annahme, daß der Kern dieser Sammlung auf einen persischen Bestand zurückgeht, der wiederum auf einer indischen Vorlage basiert. Sie wurde im 10. Jh. ins Arabische übersetzt. In dieser Sprache wurden Teile daraus im 13. und 14. Jh. in Italien und Frankreich bekannt. Erst im 18. Jh. erfolgte durch A. Galland eine Übersetzung *Der Erzählungen aus den Tausendundein Nächten* ins Französische. Später erschienen die Erzählungen auch in anderen europäischen Sprachen, unter ihnen auch auf Deutsch, und erlangten großen Einfluß. Eine Übersetzung aus dem Arabischen von der Calcuttaer Ausgabe ins Deutsche wurde erst Anfang des letzten Jahrhunderts von Enno Littmann durchgeführt. Sie stellt einen unglaublichen Schatz an Lebensweisheiten und ein sprachliches Wunderwerk dar.

Unter dem Einfluß der *Erzählungen aus den Tausendundein Nächten* veröffentlichte zuerst Boccaccio den *Decamerone* im Italien des 14. Jahrhunderts, der schon einige Märchen enthielt. Straparola und Basile waren im 16. und 17. Jh. wohl die ersten, die echte Märchensammlungen schufen. Die berühmte französische Märchensammlung von Charles Perrault aus dem 17. Jh., die auf die Gattung der Feenmärchen zurückgeht, hat in Europa mit der Verbreitung, die zu dieser Zeit die französische Sprache genoß, größte Bedeutung erlangt.

Eine Wendung in Einstellung und Interesse gegenüber dem Märchen erfolgte mit dem Sturm und Drang und der Romantik und ging vom deutschen Sprachraum aus. Das romantische Märchen trat an die

Stelle der lehrhaften oder geistvoll unterhaltenden Vorläufer. Sogar Goethe schrieb 1795 eine Abhandlung *Das Märchen*, und viele berühmte Dichter wie Herder, Brentano, de la Motte-Fouqué, E.T.A. Hoffmann, Tieck, Novalis u. a. haben in dem Sinn Märchen gesammelt und geschrieben. Ihre Faszination galt dabei der Überlieferung europäischer Volksmärchen. Sie waren auf der Suche nach authentischen Zeugnissen der naiven Volkspoesie. In den Mittelpunkt rückten somit volkstümliche Erzählungen, die in allen Landstrichen Europas in unterschiedlichen Formen, aber mit vielen Ähnlichkeiten gefunden wurden. In dieser Entwicklung steht die berühmteste Märchensammlung, die als *Kinder- und Hausmärchen* 1812 und 1814 von den Gebrüdern Jakob und Wilhelm Grimm herausgebracht wurde.

Mit der Grimmschen Sammlung der *Kinder- und Hausmärchen* wurde übrigens das bekannteste und meistübersetzte Buch deutscher Sprache geschaffen. Dabei ist es keineswegs wissenschaftliche Gründlichkeit, die dem Erfolg zugrunde liegt. Es ist vor allem ein genialer Spürsinn und die unschätzbare Fähigkeit der Einfühlung in das Wesen des Märchens und seine tieferen Aussagen, die diese Märchensammlung noch heute weltweit im Mittelpunkt stehen läßt und sie zur tragfähigsten Grundlage der Märchenforschung macht.

Die systematische Sammlung von Märchen, die in der ersten Hälfte des 19. Jh. begann, sollte sich bis heute fortsetzen. Wir verfügen über ganze Bibliotheken von Märchen, und neben der Buchreihe *Die Märchen der Weltliteratur*, die über 60 Bände umfaßt, gibt es nur wenige große Verlage, die keine Märchen in ihrem Sortiment anbieten. Unzählig sind weiterhin die vielen wissenschaftlichen Bücher über Märchen. Es sei nur erinnert an das *Märchenlexikon* von Walter Scherf und an die *Enzyklopädie des Märchens*, die nach Art eines Lexikons alle Begriffe aufgreift, die mit dem Märchen zu tun haben.

In den frühen Sammlungen handelte es sich vorrangig um Geschichten, die für Erwachsene niedergeschrieben wurden. Erst die Dichter der Romantik und die Gebrüder Grimm haben den Reiz der mündlichen Überlieferung erspürt und die schöpferischen Kräfte des Volksgeistes entdeckt. Sie haben damit den Märchen ihre Herkunft aus der Familie wiedergegeben und uns ihre Wichtigkeit für Erziehung und Bildung der Kinder bewußt gemacht. Es ist aber ebenso erwähnenswert, daß sie den innerpsychischen Ursprung des Märchens erschlossen haben.

Die Verbreitung bis in die frühesten Zeiten der Menschheit und das Vorhandensein von Märchen in primitiven wie in hochentwickelten Kulturen dokumentiert die überragende Bedeutung, die sie für den Menschen besitzen. Hinzu kommt noch die erstaunliche Tatsache, daß viele, wenn nicht der Großteil der Märchen sich aus elementaren Bausteinen oder, um den Fachausdruck zu gebrauchen, sich aus einer begrenzten Anzahl von Motiven zusammensetzen. Diese Tatsache macht bei aller Vielfalt, die unzweifelbar besteht, eine Einheitlichkeit und Zusammengehörigkeit deutlich sowie eine Ähnlichkeit und Verwandtschaft, die vor den noch so großen Unterschieden zwischen den Kulturen nicht haltmacht. Sie mag daran erinnern, daß alle Menschen auf der Welt, wie unterschiedlich auch ihr Aussehen und ihre Geschichte sein mögen, ein menschliches Gehirn besitzen, das sich bis in die kleinsten Einzelheiten gleicht. Sie verweist uns auch darauf, wie grundsätzlich und gleichartig die Konflikte der Seele aller Menschen sind, so wie sie vor Augen führt, welche Bedeutung das Märchen bei der Gestaltwerdung der ursprünglichen Konflikte des Menschen einnimmt.

Man hat die große Ähnlichkeit der Märchen, die hauptsächlich in den einzelnen Bauelementen oder Motiven besteht, mit der schon von Grimm und Benefey vertretenen «Wandertheorie» zu erklären versucht. Sie besagt, daß die Märchen an einem oder mehreren Orten der Welt in Hochkulturen entstanden seien und sich von dort über die Welt ausgedehnt hätten. In der Tat ist unbenommen, daß bestimmte Regionen der Erde, wie das Zweistromland, Persien, Ägypten und Indien einen großen Einfluß auf das Märchen gehabt haben. Es ist auch außer Zweifel, daß es über Byzanz und Spanien zu einem entscheidenden Austausch mit dem europäischen Märchen gekommen ist. Dieser Theorie über den Ursprung des Märchens steht jedoch der Tatbestand gegenüber, daß bei jedem Menschen, egal welcher Herkunft und Kultur, eine faszinierende Empfänglichkeit für Geschichten vorhanden ist, die wir Märchen nennen. Aus diesem Grunde scheint es nicht falsch, von einem Bedürfnis und sogar einer Notwendigkeit solcher Erzählungen zu sprechen. Ihre Aufgabe scheint darin zu bestehen, die Phantasietätigkeit des Menschen zu entwickeln, zu gestalten und zu strukturieren. Dies würde bedeuten, daß unsere Psyche Bauelemente für die Phantasietätigkeit braucht, nach deren Modell Grundstrukturen der Psyche aufgebaut werden können, die ihrerseits für die Strukturierung des Unbewußten unerläßlich sind.

Das Bilderbuch, welches das Kinderbuch im eigentlichen Sinne darstellt, hat eine andere Entstehung und Geschichte als das Märchen. Wie das Wort vermittelt, handelt es sich ursprünglich um ein Buch mit Bildern. Sein Inhalt konzentriert sich nicht auf einen einheitlichen Typus von Erzählungen, wie wir ihn bei den Märchen vorfinden, sondern kennt die verschiedensten Themen.

In diesem Zusammenhang sei daran erinnert, daß die erste geschriebene Sprache und die ersten Schriftzeichen aus Bildern bestanden und somit das Bilderbuch das ursprüngliche Buch darstellt. Bekanntlich ist der Gegenstand nicht in Form eines Wortes, zusammengesetzt aus Buchstaben, wiedergegeben, sondern als Bild, auf dem das Wasser, das Feld, der Berg, der Esel, das Auge, das Geheimnis, die Gottheit usw. in einer Zeichnung mit einer gewissen Abstraktion zu sehen sind. So waren zu Anfang Schriftzeichen nichts anderes als Bilderzeichen und vermittelten wie die Musik eine internationale Sprache. Erst im Laufe der Jahrtausende entstanden nach der piktographischen Schrift der Sumerer, die uns aus dem 4. bis 3. Jt. v. Chr. überliefert ist, die ägyptischen Hieroglyphen und mit ihnen im 3. bis 2. Jt. v. Chr. die phonetische Schrift. Sie orientierte sich immer weniger an Bildern, sondern an der gesprochenen Sprache. Dies bedeutete die Phonetisierung der Schrift und die Entdeckung des geschriebenen Wortes, das die Laute in Buchstaben und Silben festhält.

Die Geschichte des Bilderbuches, soweit sie uns in unserem Kulturkreis bekannt ist, beginnt mit der Bilderbibel. Diese mit Abbildungen geschmückten Bibelhandschriften mit gekürzten und vereinfachten Bibeltexten sind uns schon aus dem späten 4. Jh. n. Chr. bekannt und waren nicht nur für Erwachsene geschaffen. Als berühmtestes frühes Beispiel sind die Quedlinburger Itala-Fragmente erhalten. Später, mit Erfindung des Buchdrucks, wurden auch Holzschnitte verwendet, und viele große Künstler (wie Dürer, Holbein, Cranach d. Ä. u. a.) haben an der großen Verbreitung der Bilderbibel ihren Anteil. Sie können als die ersten Kinderbücher bezeichnet werden.

Zu der Geschichte der Bilderbücher gehören auch die Bilderbögen, die mit der Möglichkeit der Papieraufbereitung am Ende des 14. Jh. aufkamen. Mit ihnen wurden die verschiedensten Absichten verfolgt. Sie waren belehrend, informierend und unterhaltend. In dieser Form tauchten auch die ersten Bildgeschichten auf, die als Vorläufer des Kinderbuches angesehen werden können. Weitere Vorläufer des Bilderbuches sind die illustrierten ABC- und Elementarbücher im späten Mittelalter und die bebilderten Fabelausgaben des 17. und 18. Jh. Sie hatten in der Nachfolge des berühmten «Orbis sensualium pictus» von J. A. Comenius (1658) vornehmlich den Auftrag, Wissen und Bildung zu vermitteln.

Angeregt durch Rousseau und die Aufklärung sowie im Sturm und Drang und der Romantik entstand ein völlig neues Interesse für das Kind und seine Belange. Wie schon erwähnt, ließ die Entdeckung einer neuen Betrachtung des Märchens in der Romantik mit ihrer Faszination für die Volkspoesie eine Sichtweise entstehen, die die Grimmsche Märchensammlung als *Kinder- und Hausmärchen* weltbekannt machte. In ihrer Nachfolge entstanden die Illustrationen von L. Richter, W. von Kaulbach, M. von Schwind und vielen anderen.

Erst in der Folge dieser Entwicklung entstand das Kinder- und Bilderbuch, wie wir es heute kennen. Anfängliche herausragende Beispiele sind zum einen *Der Struwwelpeter oder lustige Geschichten und drollige Bilder*, der, von dem Psychiater H. Hoffmann verfaßt, erstmals 1845 erschien und bis in die heutige Zeit seine Aktualität nicht verloren hat. Zum anderen ist die Bildergeschichte von *Max und Moritz* zu nennen, die, erstmals 1865 veröffentlicht, in gleicher Weise die Zeit überdauert hat und sich noch heute großer Beliebtheit erfreut.

Parallel zu den Bilderbüchern dieser Art hat es immer Bücher für Kinder gegeben, in denen ein übermäßiges Harmoniestreben, ein verharmlosendes Moment und die übergroße Fürsorge der Eltern im Vordergrund standen. Dem entgegen entstand erst in den letzten fünfzig Jahren unter dem Einfluß der modernen Kunst und der Psychoanalyse ein völlig neues Kinderbuch, welches uns mit der inneren, psychischen Realität des Kindes konfrontiert.

Zwei grundverschiedene Kinderbuchtypen

In der Absicht, das Kinder- und Bilderbuch im Zusammenhang mit den Märchen einer psychoanalytischen Reflexion zu unterziehen und die Phantasietätigkeit und Phantasiebildung von Kindern zu studieren, stoßen wir zu Anfang auf ein nicht zu unterschätzendes Hindernis. Es besteht in der schon erwähnten unüberschaubaren Vielfalt und der großen Anzahl von Bilderbüchern, die heute verlegt werden. Diese Schwierigkeit wird nicht geringer, wenn man weiß, daß manche dieser Bücher über alle Sprachgrenzen hinweg und in Millionenauflagen verkauft werden. Um hierbei den Überblick und die Konzentration auf das Wesentliche nicht zu verlieren, ist eine Suche nach ordnenden Kriterien oder gar einer Klassifizierung unerläßlich.

Vordergründig mögen sich solche Kriterien als leicht erkennbar anbieten. Man denke zum Beispiel an eine Einteilung, die sich am Alter der Kinder orientiert. Natürlich bestehen auch schon die verschiedensten Typisierungen (vgl. Halbey 1997, S. 27-40), um für einzelne Fragestellungen eine erste Ordnung zu schaffen. So kommt es zu Kategorisierungen nach Elementar- und Szenenkinderbüchern, nach realistischen, phantastischen, Tier-, Sach- und Märchenbilderbüchern und dergleichen mehr. Zumeist sind dabei formale Kriterien ausschlaggebend. Andere Betrachtungsebenen ergeben sich aus künstlerischer, soziologischer, pädagogischer oder gar aus marktbezogener, merkantiler Sicht.

Wenn wir eine inhaltliche Analyse bevorzugen, die Vorstellungswelt in den Mittelpunkt unseres Interesses rücken und der Frage nachgehen, welche Phantasien im Erleben des kleinen Kindes gestaltende Funktionen ausüben, sind Einteilungen von Literaturwissenschaftlern wie diejenige von Halbey (1968) und Schlote (1979) hervorzuheben. Sie betreffen vor allem die zwei gegensätzlichen Typen, welche sie herausarbeiteten. Schlote unterscheidet zwei Gruppen und nennt die einen «didaktische» Bücher, die im weitesten Sinne Lernprozesse anregen. Ihnen stellt er die «freien» Bilderbücher gegenüber. Hierbei steht das Adjektiv «frei» hauptsächlich für die künstlerische Aussage. Halbey (1968), an den sich Schlote offenkundig anlehnt, arbeitet mit einer anderen Gegenüberstellung. Er erwähnt zwei Typen, die er die «offenen» und die «geschlossenen» Kinderbücher nennt. Erstere genießen bei ihm den eindeutigen Vorrang, weil diese Bilderbücher, von künstlerischem Denken inspiriert, die kreative Betrachtung und Gestaltung des Betrachters in einem assoziativen Schaffensprozeß anregen. Die Beteiligung des Betrachters steht im Mittelpunkt. Solche Überlegungen gehen unzweifelhaft auf die vielfältigen Einflüsse der modernen Kunst und der Psychoanalyse (vgl. Stork 1997) zurück, die in diesem Jahrhundert zunehmend auch im Kinderbuch ihren Niederschlag fanden und die ähnliche Absichten verfolgen.

Nach unserer Auseinandersetzung mit dem Bilderbuch kann ich mich auch mit diesen ungenauen und wenig reflektierten Kategorisierungen nur schwer zufrieden geben. Wenn ich mich auf die bekanntesten und beliebtesten Bücher konzentriere, ausgefallenen Erscheinungen und Sonderformen am Rande Beachtung schenke und mich an dem Inhalt der erzählten Geschichten orientiere, lassen sich ebenfalls zwei Kinderbuchtypen herausarbeiten. Diese zeichnen sich jedoch dadurch aus, daß sie sich diametral gegenüberstehen und ein Gegensatzpaar bilden, deren Protagonisten und Extremformen, in dialektischer Weise aufeinander bezogen, zusammengehören.

Aus einer solchen Betrachtung halte ich zur Charakterisierung dieser zwei Typen von Kinderbüchern in einem ersten Schritt nicht die einzelnen Eigenschaften und Merkmale für entscheidend, sondern die Grundthematik, die sich aus den einzelnen Gegensatzpaaren ergibt. Damit stelle ich die Bedeutung der Gegensätzlichkeit und der Dynamik, des übergreifenden Spannungsfeldes und der Dialektik in den Mittelpunkt der Erörterung. Auch bin ich der Überzeugung, daß eine

Beurteilung der einzelnen Bilderbücher ohne Berücksichtigung dieser grundsätzlichen Gegensatzstruktur leicht zu Fehleinschätzungen führt.

Wenn ich versuche, die hauptsächlichen Gegensatzverhältnisse, die die Bilderbuchtypen kennzeichnen, transparent zu machen, ist allen gemeinsam der *Gegensatz von Harmonie und Disharmonie.* Er tritt in verschiedenen Ausdrucksformen auf:

— als Betonung der Gemeinsamkeiten gegenüber den individuellen Interessen,
— als Vermittlung von Tugenden und Werten gegenüber der personalen Gestaltgebung und eigenen Kreativität,
— und letztlich in dem Wunsch nach einer harmonischen und konfliktfreien Welt gegenüber der Aktivität und der Individuation des Einzelnen.

Anders ausgedrückt, stehen sich hier gegenüber:

— die Sehnsucht nach einem allgemeinen paradiesischen Zustand der Suche nach dem persönlichen Glück oder, in allegorischer Form, dem Kampf mit dem Drachen.
— das Kind als engelhaftes, unschuldiges, göttliches Wesen dem Kind als gefräßigem Ungeheuer.

Bei all diesen Gegensätzen ist bemerkenswert, daß in ihnen die Position der Eltern der Position des Kindes gegenübersteht und eine Unversöhnlichkeit zwischen ihnen, dem Generationsunterschied vergleichbar, ausschlaggebend ist.

Wenn wir berücksichtigen — obwohl jeder, diese Tatsache verachtend, leichthin das Gegenteil beschwören möchte —, wie wenig selbstverständlich es ist, die Aktivität des anderen und mehr noch dessen Eigenarten und Eigenwilligkeiten, die seine Individuation ausmachen, zu dulden und zu schätzen, so läßt sich ein Einblick in die Dynamik der Vorgänge aufzeigen. Sie besagt, daß es letztlich nicht darum geht, die Gegensätze zusammenzuführen. Sie sind per definitionem unvereinbar. Aber das Ziel ist, Harmonie und Disharmonie, Gemeinsamkeiten und Individuation und schließlich Passivität und Aktivität nebeneinander existieren zu lassen. Hiermit wird einsichtig, daß grundsätzlich keiner der zwei Bilderbuchtypen Ausschließlichkeit beanspruchen kann, sondern beide nur in einem ausgewogenen Verhältnis zueinander das Kind zu erreichen verstehen.

II. Der erste Kinderbuchtyp

Spielarten der Harmonie und die Fürsorge oder die Macht der Eltern

Mit diesem Kinderbuchtyp zu beginnen scheint aus verschiedenen Gründen eine Selbstverständlichkeit. Zunächst einmal gilt dieser Typ allgemein als das *eigentliche* Bilderbuch, das lange Zeit über das vorherrschende war, wohingegen der zweite Bilderbuchtyp erst in der Mitte dieses Jahrhunderts erschaffen wurde. Damit verbunden ist die Tatsache, daß dieser erste Typ von Bilderbüchern den größten Anklang findet, in hohen Auflagen verlegt wird und als der marktbeherrschende bezeichnet werden kann. Daß er gerade deswegen und darüber hinaus in Form und Inhalt eine naiv-infantile Grundeinstellung bevorzugt, die nicht selten dem Kitsch zuneigt, ist wohlbekannt. Mir ist es ein Rätsel, warum bei so wertvollen und grundlegenden Themen in so vielen Fällen die ihnen zukommende Ernsthaftigkeit mit Rührseligkeit und Verniedlichung vertauscht werden.

Mir scheint es von großer Wichtigkeit, die bekanntesten dieser Bücher einer näheren Betrachtung zu unterziehen.

Aus dem ersten Jahrzehnt dieses Jahrhunderts stammt eines der frühesten dieser Bilderbücher, die heute noch gelesen werden: *Hänschen im Blaubeerwald* von der Autorin E. Beskow (1904).

> Die Erzählung schildert uns einen Jungen, Hänschen genannt, einem Mädchen ähnlich, der sich vorgenommen hat, seiner Mutter zum Geburtstag Blau- und Preiselbeeren zu schenken. Aber er ist völlig naiv und weiß nicht, wo er diese Beeren im Wald finden kann. Als dies ihn unglücklich macht, kommt ein winziger Zwerg, der sich der König im Blaubeerenwald nennt, um ihm zu helfen. Dazu verwandelt er Hänschen in einen kleinen Blaubeerenmann und führt ihn zu den Blaubeeren, die wie Äpfel auf den Bäumen hängen. Nun erscheinen andere kleine Jungen, die ebenso naiv in die Welt schauen und ihm den Korb mit Blaubeeren füllen.
>
> Darauf geht die Fahrt in einem Boot aus Kiefernborke und auf dem Rücken von Mäusen als Reittieren zur Preiselbeeren-Mutter und ihren Töchtern. Hänschen findet herzliche Aufnahme und erhält am Ende seinen Korb mit Preiselbeeren. Schließlich findet er sich in Menschengröße wieder; aber alles war kein Traum, da beide Körbe für seine Mutter gefüllt neben ihm stehen. «Und die Mutter freute sich so sehr, wie nur Mütter sich freuen können.»

Abb. 1: Illustration von Elsa Beskow aus dem Buch *Hänschen im Blaubeerwald*.
© 1974 by Loewes-Verlag, Bayreuth.

Die Häschenschule von F. Koch-Gotha und A. Sixtus (1924) ist eine andere Variante dieser Bücher, die noch heute ihre Leser finden.

In lustigen Reimen und niedlichen Bildern wird eine Welt von Hasen
gezeigt, die wie Menschen leben und in deren Mittelpunkt Vater, Mutter sowie deren Kinder, ein Hasenmädchen und ein Hasenjunge stehen.
Alles hat seine Ordnung, nicht nur die Teller sind im Regal schön auf-
gereiht. Die Hasenkinder, die zur Schule gehen, verabschieden sich am
Morgen liebevoll mit einem Küßchen von der Mutter.
    Die Schule im Wald unter Bäumen und freiem Himmel beginnt für
die Jungen- und Mädchenhasen mit dem Gebet. Es folgen Pflanzen-
kunde, Tiergeschichte mit der Belehrung über den bösen Fuchs und alle möglichen Ertüchtigungen, wie das Osterei-Anmalen, Kraut-An-
pflanzen und Haken-Schlagen. Mit einem kleinen Bösewicht wird der
Lehrer leicht fertig. Der Heimweg ist ungefährlich: Der lauernde Fuchs
bekommt keine Gelegenheit, die Häschen zu jagen, da sich alle an die
guten Worte des Lehrers halten. Die Belohnung besteht in dem gemeinsamen Mittagessen, worauf sich alle sehnlichst freuen und das die
Familie vereint.

Das Bilderbuch *Teddys Schulgang* von F. Baumgarten und L. Hahn
(1954) ist ein weiterer Höhepunkt in der Darstellung einer heilen Welt.

Das Buch schildert einen Tag eines kleinen Stoffbären. Wir nehmen
daran teil, wie er am Morgen das traute Heim verläßt, um zur Schule zu
gehen. Seine Mutter und ein kleines Geschwister, Vögel, Frösche sowie

Grillen und sogar die Salatköpfe bleiben mit ängstlichen Gesichtern zurück. Der Gang zur Schule führt den kleinen Bären bei Wichtelmännern vorbei, die emsig beschäftigt sind und ihn mächtig anziehen. Dort gibt es den Schneider, der die Flügel von Libellen flickt, den Musikanten, der zum Tanz aufspielt, die Kahnfahrt inmitten von Seerosen und den Zwerg, der gerade einen Käfer wäscht.

Seine Neugierde läßt Teddy zu spät zur Schule kommen, weswegen er vom Lehrer am Ohr gezogen wird. Überhaupt ist ihm die Schule recht unlieb, und noch im Traum verfolgen ihn die Rechenaufgaben. Aber sonst bleibt alles harmlos, und groß ist die Freude, als er aus der Schule heimgehen kann.

Das bekannte und noch 1990 in seiner ursprünglichen Form wieder aufgelegte Buch von S. von Olfers aus dem Jahr 1906 mit dem Titel *Etwas von den Wurzelkindern* nimmt hier einen besonderen Platz ein. Es fällt durch seinen künstlerischen Anspruch auf, ist eine Jugendstilschöpfung und in diesem Sinne einem Naturmythos verpflichtet. Die Kinder werden im Ablauf der Jahreszeiten als Geschöpfe der Mutter Erde zu Vertretern der lieblichen kleinen Natur und Kreatur, die sich in Spiel und Gesang ergeht, um am Ende des Jahres in den Schoß der Mutter Erde zurückzukehren.

Die Geschichte erzählt von Wurzelmädchen und Wurzeljungen, die unter der Erde den Winter verbracht haben und mit dem beginnenden Frühling von der Mutter Erde geweckt werden. Sie stellen wie Putten und Engel in einem Jugendstildekor die wiedererwachende Natur dar, die sich für ein neues Leben vorbereitet.

Als alle Arbeit getan ist, verlassen die Wurzelkinder, mit Blumen und Tieren geschmückt, in einer Prozession feierlich die Wurzelwelt. Sie verbringen den Sommer in der niedlichen Natur, spielen «den ganzen Tag Vergißmeinnicht an klarem Bach» oder tanzen Hand in Hand mit Blümlein und Käfern. Mit dem Herbst streben alle zur Mutter Erde und in die Welt unter der Erde zurück, um sich bis zum nächsten Jahr auszuschlafen.

Und als der Frühling kommt ins Land,
Da ziehn gleich einem bunten Band,
Die Käfer, Blumen, Gräser klein,
Frohlockend in die Welt hinein.

Abb. 2: Illustration von Sibylle v. Olfers aus dem Buch *Etwas von den Wurzelkindern.*
© 1990 by ars edition, Zug, Schweiz.

Unter den Bilderbüchern neueren Datums, die sich ebenfalls großer Nachfrage erfreuen, wäre hier vielleicht kurz zu erwähnen: *Die Geschichte von Babar*, dem kleinen Elefanten, von J. de Brunhoff (1931, dt. 1947).

Babar ist ein kleiner Elefant, einer von den ganz lieben, der mit seiner Mutter im Urwald lebt. Als ein böser Jäger die Mutter totschießt und ihn fangen will, läuft Babar davon. Er kommt in eine Stadt und entdeckt eine neue Welt: Häuser, Straßenbahn, Autos und vieles mehr. Er wünscht sich «auch einen schönen Anzug». Eine reiche alte Dame erahnt diesen Wunsch. Der Einkauf des Anzuges endet schließlich mit der Photographie vom elegant eingekleideten Elefanten.

Von nun ab lebt Babar bei der alten Dame. In allem verwöhnt, ist er ein exemplarisches Kind und ein guter Schüler. Am Abend nach dem Essen erzählt er den Freunden der alten Dame von seinem Leben im Urwald. Aber Babar ist nicht richtig glücklich. Er weint, wenn er an seine Mami denkt.

Als ein Vetter und eine Cousine in die Stadt kommen, beschließt Babar, mit ihnen in den Urwald zurückzukehren. Zur selben Zeit ißt der bisherige Elefantenkönig einen Fliegenpilz, stirbt und macht damit den Platz für Babar frei. Als die ältesten Elefanten sich versammeln, um einen neuen König zu wählen, fällt wegen seiner schönen Kleider und seines schönen Autos die Wahl auf Babar. Er stimmt zu, wenn seine Cousine die Königin sein darf. Nach der Trauung und der Krönung gibt es einen großen Ball, zu dem alle Tiere eingeladen sind. «König Babar und Königin träumen vor Freude von ihrem Glück» und gehen auf Hochzeitsreise.

Abb. 3: Illustration von Jean de Brunhoff aus dem Buch *Die Geschichte von Babar*.
© 1976 by Diogenes, Zürich.

Abschließend sei *Mein Freund, der Glückliche Löwe* von L. Fatio und R. A. Duvoisin (1954) erwähnt.

Dieses Buch sowie die anderen Bücher, die die Autoren seit den ersten großen Erfolgen herausgebracht haben, beginnen immer wieder mit der überwältigenden Feststellung: Es gab einmal einen sehr glücklichen Löwen. Um diese Aussage noch überzeugender zu gestalten, verschmelzen Glück und Löwe zu einem Namen: Glücklicher Löwe.

Die Geschichte ist aus der Sicht des Löwen erzählt. Er lebt in seinem Gehege im Park einer kleinen Stadt, wird von allen für glücklich gehalten und nennt sich selbst glücklich. Eines Tages läßt der Wärter aus Versehen die Tür seines Geheges offen. Der Löwe ergreift die Gelegenheit, in die Stadt zu gehen, um seine Freunde zu besuchen.

Als er in der Stadt auf Menschen trifft, macht er die Erfahrung, daß alle entsetzliche Angst vor ihm haben und vor ihm wie vor einer großen Gefahr fliehen. Der Glückliche Löwe versteht die Welt nicht mehr und

meint, die Leute seien verrückt geworden, da er doch nur die Stadt be-
sichtigt, so wie die Menschen ihn im Zoo anschauen kommen. Schließlich versucht die Feuerwehr, ihn wieder einzufangen.

Abb. 4: Illustration von Roger Duvoisin aus dem Buch von Louise Fatio
Mein Freund, der Glückliche Löwe. © 1981 by Verlag Herder, Freiburg/Wien.

Die Wendung zum Guten kommt, als Franz, der Sohn seines Wär-
ters, auftaucht. Er ist der einzige, der keine Angst vor dem Löwen hat,
und führt den Glücklichen Löwen zurück in sein Gehege. Alles ist wie
immer und alle sind zufrieden. Der Glückliche Löwe hat gelernt und
hält sich streng daran, nie wieder seinen Käfig zu verlassen.

Wenn diese Auswahl der Bilderbücher auch nicht allen Ansprüchen ge-
nügen und repräsentativ sein kann, gestattet sie uns dennoch einen aus-
reichenden Einblick in den ersten Kinderbuchtyp. Er wird in der Tat
von der Fürsorge und auch der Macht der Eltern in Anspruch genommen und beherrscht. Der Erwachsene als einfühlsamer und fordernder
Schöpfer der Geschichten, versetzt das Kind in eine heilige und selige
Ordnung, in der die Harmonie das oberste Gebot darstellt. Das Kind in
seiner Hilflosigkeit und Abhängigkeit, aber auch in seiner Naivität

und Unschuld und nicht zuletzt in seiner Herzlich- und Lieblichkeit läßt im Erwachsenen, insbesondere in den Eltern Gefühle entstehen, die ihren tiefsten Sehnsüchten entsprechen.

Freud (1914, S. 157) hatte gewiß recht, wenn er in diesen Gefühlen das Wiederaufleben und die Reproduktion des längst aufgegebenen primären Narzißmus der Eltern sah. Auch ist außer Frage, daß Kinder eben diese Gefühle, die sie im Erwachsenen und in besonders herausgehobener Form bei der Mutter erregen, für ihre Entwicklung, insbesondere für die Struktur und Gestaltwerdung ihres eigenen Narzißmus dringend benötigen. Dennoch enthält diese Haltung der Eltern gegenüber dem Kind, die von dem Anspruch nach Harmonie geprägt ist und etwas von einer heiligen Ordnung der Dinge hat, wie ich versuche, diesen Vorgang zu bezeichnen, einen Aufforderungs- und Erwartungscharakter, der nicht unproblematisch ist. In der klinischen Arbeit mit Patienten sind uns die Vorgänge sehr vertraut, und das Kinderbuch dieses Typs konfrontiert uns mit den Gefahren solcher Harmonisierung, die häufig mit einer Verkennung der Realität einhergeht.

Eine Zwergen-, Tier- und Spielzeugwelt versetzt das Kind in eine irreale und phantastische Idylle, in der Zauber und Wunder passieren, Mensch und Natur eine friedliche Einheit bilden, die durch nichts getrübt werden kann. Wenn ein die Eintracht störendes Moment, sei es die Traurigkeit, den Wunsch der Mutter nicht erfüllen zu können, sei es der böse Fuchs, die ungeliebte Schule, Babars von einem Jäger getötete Mutter oder der Käfig des Löwen usw. überhaupt vorkommen, wird ihnen keine Beachtung geschenkt. Alles Unglück vermag sich sogleich zauberhaft aufzulösen und zu verschwinden. Dennoch scheint mir entscheidend, daß diese störenden, die Harmonie verneinenden Momente überhaupt anwesend sind. Auf ihre Bedeutung werde ich später zurückkommen.

Sonst herrscht eine Wunscherfüllung vor, die magische Züge hat. In den Geschichten von Babar ist es ein ehernes Gesetz, daß keine Aktivität oder Anstrengung, auch keine Prüfung oder eigene Verdienste notwendig sind. Alles auf dieser Welt ist umsonst und geschenkt. Die wundersame Beschenkung und überhaupt die heimliche und unheimliche Verehrung geht von einer idealisierten Mutter-Imago aus. Bei den Wurzelkindern wird dies mit der Mutter Erde ebenso deutlich wie bei Babar, der so großzügig und bedingungslos von der alten Dame beschenkt wird.

Daß diese heilige Ordnung ihre Tücken hat, wird nur angedeutet. Die Geschichte vom Glücklichen Löwen mag uns vor Augen führen, was ich meine. In diesem Buch gibt es all dieses Glück nur unter einer

Bedingung, die man wohl nicht zu Unrecht als unbarmherzig bezeichnen kann. Sie lautet: Glück bedeutet, Verzicht auf Freiheit, auf Eigenheit und Eigenart, auf eigene Aktivität und Neugierde. Nur in dem Gefängnis, in Anpassung, passiver Abhängigkeit und Unterordnung der eigenen individuellen Ansprüche ist Glück möglich – ein Glück, das weniger von der Fürsorge als von der Macht der Eltern bestimmt ist.

Daraus aber resultiert die Gefahr, die mit einem übermäßigen Harmoniestreben einhergeht, zumal dann, wenn es von übergroßer Angst der Eltern begleitet ist, etwas falsch zu machen, und wenn es zu wichtigen Realitätsverleugnungen kommt. An zwei Gutenachtgeschichten läßt sich dieses verdeutlichen.

Ich will vorausschicken, was vielen gegenwärtig ist, daß Kinder oft Schwierigkeiten haben, am Abend schlafen zu gehen. Diese können leicht als Aufbegehren und Aufsässigkeiten verstanden werden, und oft geben sie sich auch als solche, insbesondere wenn die Kinder älter sind. Daß sie aber nicht nur Ungehorsam bedeuten, sondern ihnen häufig nicht unerhebliche Ängste zugrunde liegen, zeigt das Einschlafritual, das bei kleinen Kindern häufig vorkommt. Die Ängste gehen für gewöhnlich auf zwei Tatbestände zurück. Zum einen bedeutet das Zu-Bett-Gehen für Kinder, die vertraute Umgebung und die fürsorglichen Eltern zu verlassen. Es schließt das Sich-dem-Schlaf-Anvertrauen ein, was in einem Eintauchen in die innere Welt und in die eigene psychische Realität besteht, in der Wünsche und Schrecken, Mut, Übermut und Bedrohung in primärprozeßhafter Weise Dominanz erlangen und verarbeitet werden müssen. Für ein Kind ist dies keine leichte Aufgabe, zumal beim Schlafengehen die Eltern zurückgelassen werden.

Zum anderen entdeckt das Kind bald, daß es alleine ins Bett geht, die Eltern jedoch noch wach bleiben und später gemeinsam schlafen gehen. Diese Tatsache läßt das Kind schon früh phantasieren und erahnen, auch dann, wenn es nicht Zeuge einer realen Erfahrung ist, daß die Eltern im Bett etwas Wunderbares, Lustvolles und Verbotenes austauschen. So zeigt es großes Interesse für den Geschlechtsverkehr von Mutter und Vater, auch wenn es so tut, als ob es nichts davon weiß. Es kommt entscheidend hinzu, daß der Geschlechtsakt tiefe Ängste wachruft, als gewalttätig erlebt wird – insbesondere, wenn es Unstimmigkeiten zwischen den Eltern gibt. Auch kommt in manchen Fällen hinzu, daß die Eltern ein schlechtes Gewissen haben, ihr Kind alleine ins Bett zu schicken, während sie doch zusammen ins Bett gehen – zumal ihre Sexualität im Spiel ist und es Gründe gibt, ihr gegenüber Scham und Hemmungen zu empfinden. In anderen Fällen erdulden Mutter oder Vater schwer, daß ihre Kinder im Schlaf in ihre eigene, ihre individuelle Welt eintauchen, und sie können nur schwer der Versuchung widerstehen, das kleine herzige Wesen im eigenen Bett schlafen zu lassen.

Aus diesen und vielen anderen Gründen sind Gutenachtgeschichten ein beliebtes Thema von Bilderbüchern, so wie das Einschlafen des Kindes ein ernstes Problem der Eltern ist. Zwei Beispiele können verdeutlichen, zu welchen falschen Kompromissen die Situation verleitet, andere wiederum legen dar, wie ein Kinderbuch Kind und Eltern helfen kann, die Schwierigkeiten zu bewältigen.

Zu den ersten gehört ein Buch mit ungeheuren Verkaufszahlen. Von S. McBratney und A. Jeram 1994 herausgebracht, heißt es: *Weißt du eigentlich, wie lieb ich dich hab?* Es erzählt von einem großen und einem kleinen Hasen, die beide keine geschlechtliche Identität haben und nicht wie Vater oder Mutter und Kind miteinander in Beziehung stehen, womit auch der Generationsunterschied verwaschen ist, da es sich ebenfalls um Geschwister oder Freunde handeln könnte.

Die einfallsarme Geschichte handelt von einer besonderen Form eines Einschlafrituals. Der kleine Hase soll schlafen gehen und beginnt dem Großen zu erklären, wie lieb er ihn hat. Letzterer übertrifft ersteren, und so geht es mit diesen Liebeserklärungen hin und her.

«Ich hab dich lieb
bis zum Mond»,
sagte der kleine Hase
und machte die Augen zu.

«Oh, das ist weit»,
sagte der große Hase.
«Das ist sehr,
sehr weit.»

Abb. 5: Illustration von Anita Jeram aus dem Buch von Sam McBratney
Weißt du eigentlich, wie lieb ich dich hab?
© 1994 by Sauerländer Aarau, Frankfurt/M. u. Salzburg.

Der Höhepunkt ist, daß der große Hase den kleinen bis zum Mond und wieder zurück lieb hat. Damit ist der kleine Hase eingeschlafen, und der große kuschelt sich an ihn, um sich nun auch dem Schlaf hinzugeben.

Das Buch *Kannst Du nicht schlafen, kleiner Bär?* von M. Waddel und B. Firth (1988) hat eine frappierende Ähnlichkeit mit dem vorangehenden.

> Diesmal handelt es sich um einen großen und einen kleinen Bären. Wieder sind beide ohne Geschlechtsbezeichnung und ohne Angabe der familiären Beziehungen. Wieder soll der Kleine schlafen, hat aber Angst. Er verlangt erst eine kleine, dann eine größere und zuletzt eine große Laterne. Aber die Laternen helfen nicht, und erst der große Mond zwischen den Bergspitzen mit den funkelnden Sternen läßt den kleinen und kurz darauf auch den großen Bären eng umschlungen einschlafen.

Ich hatte daran erinnert, daß die Phantasien des Kindes über den elterlichen Koitus und über die Urszene häufig die Ursache von Ängsten sind, die das Kind nicht einschlafen lassen. Die Autoren dieser Bücher reagieren in erstaunlicher Weise auf diese Tatsache. Sie schaffen einfach die Geschlechtsunterschiede ab, geben dem kleinen Tier, mit dem sich das Kind identifiziert, nur einen einzigen und einen beliebigen Partner, der der Große ist, und lassen beide schließlich zusammen einschlafen. Die Lösung könnte man als äußerst geschickt bezeichnen. Sie ist aber alles andere als dies, da sie darin besteht, die wichtigsten Orientierungsdimensionen, die ein Kind in der Realität besitzt, nämlich die Geschlechts- und Generationsunterschiede und die Elternschaft abzuschaffen. Dabei bin ich nicht sicher, ob dieses absichtlich geschah und bei den Autoren das Ergebnis einer bewußten Überlegung darstellt. Vielmehr nehme ich an, daß sie die unbewußten Schwierigkeiten des Kindes in Zusammenhang mit dem Zu-Bett-Gehen wohl erahnt haben. Zwar bestätigen sie meine Ausführungen über die Ursache der Ängste der Kinder vor dem Schlafengehen. Ihr Versuch, diese zum Verschwinden zu bringen, begründet sich jedoch auf der Abspaltung und Verleugnung einer Realität, die für das Kind von tragender Bedeutung ist.

Andere Gutenachtgeschichten in Bilderbüchern verfahren nicht nach dieser Vorgehensweise. Sie schildern, daß nach dem üblichen Einschlafritual eine psychische Aktivität eintritt, die in der Besinnung des Kindes auf sich selbst und in der eigenen Bewältigung der Ängste besteht. Sie gehören im strengen Sinne nicht mehr zu dem ersten Typ der Bilderbücher, eben weil die Aktivität des Kindes die entscheidende Rolle spielt.

Hier ist einmal das altbekannte Kinderbuch *Fränzi geht schlafen* von R. Hoban und G. Williams (1960) zu nennen.

Es erzählt von einem kleinen Dachsmädchen, für das die Zeit gekommen ist, zu Bett zu gehen. Aber sie versucht das Schlafengehen hinauszuzögern und äußert gegenüber den Eltern viele Wünsche, die vorher noch erfüllt werden müssen. Sie hat Durst, möchte den Bären und die Puppe ins Bett haben, einen Kuß von Vater und Mutter und einiges mehr. Als sie endlich im Bett liegt, beginnt sie trotz der offenen Tür Angst zu haben. Sie sieht einen Tiger und einen Riesen, dann einen Käfer und eine Spinne und kommt zurück zu den Eltern. Diese sitzen zuerst vor dem Fernseher und essen Kuchen, von dem sie etwas abbekommt. Später stört sie sie im Schlaf und will auch ins gemeinsame große Bett. Die Eltern, vor allem der Vater, geben vernünftige Erklärungen, die ihre Ängste verscheuchen sollen. Schließlich sagt er: «Wenn du jetzt nicht schlafen gehst, dann bin ich sehr traurig.» Darauf kann sich Fränzi selber helfen, schließt das Fenster, findet selbst Erklärungen für die Geräusche, die ihr Angst machen, und schläft ein.

Ähnliches passiert in *Schlaf gut, kleiner Bär!* von Q. Buchholz (1993). In dem Bilderbuch findet der kleine Bär, der ein Stofftier eines kleinen Jungen ist und dessen alter ego darstellt, nach dem Einschlafritual zu sich selber, zu seinen Erinnerungen an den vergangenen Tag und seine Freude, und zur Neugierde auf den neuen Tag, was beide einschlafen läßt.

Eine Sonderstellung nimmt unter den Gutenachtgeschichten *Das Traumfresserchen* von M. Ende und A. Fuchshuber (1978) ein. Ich werde später auf dieses Buch detailliert eingehen.

Ein weiteres Bilderbuch, welches zu diesen Einschlafgeschichten gehört, ist die großartige Erzählung *In der Nachtküche* von Maurice Sendak aus dem Jahre 1971. Es stellt ein wahres Meisterwerk dar und macht die Urszene sowie die Verwirrung und Angst, die von ihr ausgehen, zum zentralen Thema. Es wird ebenfalls später eingehend besprochen werden.

Mit einem letzten Buch möchte ich diesen Versuch der Darstellung des ersten Kinderbuchtyps abschließen. Ich muß zugeben, ich schreibe über dieses Buch nicht ohne Empörung und sogar Zorn.

Es geht um das Buch *Der Regenbogenfisch* von M. Pfister, das 1992 erschienen ist. Mit einer Auflage von weit über zwei Millionen verkauften Exemplaren, in mehr als 33 Sprachen übersetzt, ist Pfister der erfolgreichste Kinderbuchautor des letzten Jahrzehnts. In den Vereinigten Staaten erhielt er 1995 für dieses Buch den Abby Award für das am liebsten verkaufte Buch der amerikanischen Buchhändler.

Der Schauplatz der Geschichte ist das Meer weit draußen. Dort lebt der Regenbogenfisch, der sich von allen anderen Fischen durch seine glitzernden Schuppen unterscheidet. Deswegen wird er der allerschönste

Fisch im ganzen Ozean genannt, und ebenso hochnäsig verhält er sich auch, weil er sich stolz für etwas Besseres hält. Die anderen Fische sind ihm ähnlich und lieblich anzusehen, aber keiner hat etwas, was ihn besonders hervorhebt. Sie sind alle Bewunderer des Regenbogenfisches, aber kennen keine bösen Gefühle von Eifersucht oder gar Neid. Eines Tages bitten sie ihn freundschaftlich und naiv, er möge ihnen eine seiner vielen Glitzerschuppen abgeben, was der Regenbogenfisch hochmütig ablehnt. Es folgt die böse Strafe, denn keiner will fortan mit ihm spielen. Der schönste wird zum einsamsten Fisch des Ozeans und fragt den weisen Tintenfisch Oktopus um Rat. Oktopus rät ihm, jedem Fisch eine kleine Glitzerschuppe zu schenken, und verspricht, daß er dann wieder fröhlich sein werde. Der Regenbogenfisch überwindet sich und verteilt seine geliebten Schuppen an die anderen Fische, wodurch er sogleich vergnügt und «glücklich, glücklich wie nie zuvor!» wird.

Wenn der Autor betont, die Geschichte passiere draußen im Meer, so hat man bei der Betrachtung der Bilder eher den Eindruck, in ein Wohnzimmeraquarium zu schauen. Empörend ist neben der Phantasielosigkeit das Denken im Klischee des Entweder-Oder, des Schwarz und Weiß ohne Nuancierungen. Es entsteht der Eindruck, daß hier die billige Effekthascherei auf die Spitze getrieben und jeglicher Anspruch dem Glimmer und Glitzer – der Glitzerfolie – geopfert wird.

Der Inhalt vermittelt eine zwiespältige, wenn nicht verlogene Botschaft. Dort gibt es einen Fisch, der einzig durch sein Glitzerkleid der allerschönste im Ozean ist. Wie ein Millionär unter schlichten Bürgern, könnte man sagen, erregt er Neid und hat keine Freunde, weil er nicht teilt. Nun bekommt dieser Millionär den weisen Rat, er solle sein Geld mit den anderen teilen. Er tut es natürlich ohne viel Zögern und ist glücklich und wird von allen geliebt. Damit hat er sich Freunde erworben, sich solidarisch verhalten, könnte man mutmaßen. Eigentlich aber hat er sich seine Freunde erkauft. Dies läßt die perfide Frage entstehen, ob der Autor des Regenbogenfisches die vielen Millionen, die ihm dieses Buch eingebracht hat, auch auf diese Weise verschenkt hat. Wir können das Gegenteil annehmen, denn im anderen Falle hätte er mit diesem Umstand gewiß Reklame gemacht.

Die Botschaft aber besteht darin, daß von einem Kind, das sich mit dem Regenbogenfisch identifiziert, erwartet wird (und das verlangt letztlich auch der weise Oktopus von ihm), das, was ihm die Natur gegeben hat, herzugeben, wenn es nicht durch Hochmut und Stolz völlig isoliert werden will. Es handelt sich nicht um ein Teilen, wie das Buch glauben machen will. Sondern es ist ein Geben, das mit moralischem Druck und Schuldgefühlen einhergeht und das eine Zumutung für ein Kind bedeutet, die von keinem Erwachsenen verlangt werden könnte.

Es ist weiterhin eine Verführung zu der Vorstellung, Hochmut auf der einen und Neid auf der anderen Seite könnten durch einen guten Rat wie durch einen Taschenspielertrick aus der Welt geschafft werden.

Glücklicherweise sind Kinder im Lösen solcher Fragen geschickter als Erwachsene. Sie durchschauen schneller und wissen klügere Lösungen. Sie wissen auch, welche Freude sie Erwachsenen machen, wenn sie nicht widersprechen. So ist dieses Buch ein typischer Fall von Wunschdenken des Erwachsenen, wie er vermeintlich pädagogisch auf das Kind Einfluß nehmen kann.

Am Ende dieser Ausführungen will ich zusammenfassen und versuchen, dieses Bilderbuch und die ganze Kategorie, in die es gehört, zu würdigen. Mir ist bewußt, daß wir aus unserer beruflichen Identität und Deformation heraus eine starke Neigung haben, den zweiten Kinderbuchtyp höher zu schätzen und dem ersten eine geringere Achtung entgegenzubringen. Wir haben dafür unsere Gründe, die nicht von der Hand zu weisen sind. So wissen wir aus unserer täglichen Arbeit mit psychisch kranken Menschen, seien es Kinder, Jugendliche oder Erwachsene, daß das bedingungslose Suchen und Streben nach Harmonie, zumeist in Verstrickung mit einem idealisierten Elternteil, oft das unüberwindbare Hindernis ist, welches einer Besserung oder Heilung im Weg steht. Auch wissen wir, daß dieser – verkürzt dargestellte – Prozeß äußerst schwer dem Bewußtsein zugänglich ist und mit seiner Verankerung im Unbewußten erst seine Malignität entwickelt. Schon die griechische Mythologie wußte, welche Gefahren die Harmonie verbirgt. Sie läßt zu diesem Zwecke Harmonia als Tochter des Ares und der Aphrodite auftreten und versucht mit dieser Verbindung einen gewaltigen Akt der Versöhnung von Krieg und Liebe. Doch Harmonia sollte ein furchtbares Schicksal haben: Obwohl ihr Zeus die große Ehre widerfahren läßt und sie mit dem König Kadmos aus Theben in Anwesenheit aller Götter verheiratet, bringen schon ihre Brautgeschenke Unglück über die Menschheit. Später sind es ihre eigenen Kinder, ihr ein und alles, die von Unheil verfolgt werden. Dieses Schicksal veranlaßt Harmonia und Kadmos, ihr Königreich zu verlassen, um in der Welt ihr Glück zu suchen, woraus ein verzweifeltes Herumirren wird. Am Ende zeigt Ares, Harmonias Vater, Erbarmen und verwandelt beide mit deren Einverständnis in zwei große harmlose Schlangen, in denen nach griechischem Glauben die Geister der verstorbenen Helden wohnen. Als solche können sie schließlich in den elysischen Gefilden leben. Harmonia endet als Heldin und Sinnbild des Unglücks.

Zum Harmoniestreben gehört das starke Bedürfnis des Menschen, seine Vergangenheit zu vergolden und die Kindheit, seine eigene und die Kindheit im allgemeinen, zu verklären und, wenn irgend möglich, in strahlendem Licht darzustellen. Zu dieser Bewegung gehört auch der drängende Wunsch, den eigenen Kindern eine gute und wenn möglich eine in jeder Hinsicht erfüllte Kindheit zu schaffen. Schon Freud (1914, S. 157) schreibt in *Zur Einführung des Narzißmus*: «Das Kind soll es besser haben als seine Eltern, es soll den Notwendigkeiten, die man als im Leben herrschend erkannt hat, nicht unterworfen sein. Krankheit, Tod, Verzicht auf Genuß, Einschränkung des eigenen Willens sollen für das Kind nicht gelten, die Gesetze der Natur wie der Gesellschaft vor ihm haltmachen, es soll wirklich wieder Mittelpunkt und Kern der Schöpfung sein. His Majesty the Baby, wie man sich einst selbst dünkte. Es soll die unausgeführten Wunschträume der Eltern erfüllen, ein großer Mann und Held werden an Stelle des Vaters, einen Prinzen zum Gemahl bekommen zur späten Entschädigung der Mutter.»

Abschließend möchte ich diese Ausführungen mit einigen Zeilen aus dem Gespräch von Lisaweta Iwanowna mit Tonio Kröger[3] vervollständigen. Es geht dabei, wie sich einige erinnern mögen, um die Gegenüberstellung von Kunst und Leben und das Bekenntnis von Thomas Mann: «Ich liebe das Leben – dies ist ein Geständnis. (...) ich habe es noch keinem gemacht. (...) Das ‹Leben›, wie es als ewiger Gegensatz dem Geiste und der Kunst gegenübersteht, (...) das Normale, Wohlanständige und Liebenswürdige ist das Reich unserer Sehnsucht, ist das Leben in seiner verführerischen Banalität! Der ist noch lange kein Künstler, (...) der die Sehnsucht nicht kennt nach dem Harmlosen, Einfachen und Lebendigen, nach ein wenig Freundschaft, Hingebung, Vertraulichkeit und menschlichem Glück, (...) nach den Wonnen der Gewöhnlichkeit!»

Erst mit diesen gewichtigen Worten scheint mir eine Bewegung vollzogen und ein Moment geschaffen, vor deren Hintergrund wir verstehen lernen, was wir, wenn wir über das Kinder- und Bilderbuch sprechen, nicht aus den Augen verlieren dürfen. Ich meine damit das Moment des Lebens in seiner liebenswürdigen Normalität und Gewöhnlichkeit auf der einen Seite und auf der anderen Seite die Bewegung, die diesem Leben entgegensteht und die Thomas Mann als das Künstlerische oder die Kunst und den Geist bezeichnet. Erst die Existenz des Momentes in versetzter Gleichzeitigkeit mit der Bewegung verhindert gefrorene Unbeweglichkeit und erschafft das Leben.

---

3   Thomas Mann (1922), S. 35-36.

III. Der zweite Kinderbuchtyp

Die Ohnmacht der Eltern und die Lust an der Individuation

Einleitung

Der zweite Kinderbuchtyp, dem ersten diametral entgegengesetzt, ist an vorderster Stelle dadurch charakterisiert, daß nicht mehr die Fürsorge und die Macht der Eltern und Erwachsenen die bestimmende Rolle einnimmt. Bei ihm steht das Kind und seine Aktivität im Mittelpunkt des Interesses. Seine physische Vitalität und seine psychische Lebenskraft und Lebensfreude, die keine Grenzen kennen und der die Welt gehören, sind das beherrschende Thema. Das Kind als seliges Wesen, einem Engel vergleichbar, dem das Paradies gehört, ist hier der Vorstellung vom Kind als Störenfried, Besserwisser und Quertreiber gewichen. Nicht mehr die gemeinsame Glückseligkeit in der trauten Umgebung und nicht das Geschenkte, sondern das Errungene, die Suche nach dem persönlichen Glück, die Realisierung höchst eigener und eigenwilliger Visionen sowie der Kampf mit dem Drachen der früheren Zeiten ist das Leitmotiv.

Mit dieser Thematik steht das Bilderbuch nicht alleine da. Auch die Zeichentrickfilme und die Comics, die Kinder in großer Zahl verschlingen, werden nicht müde, sich in immer neuen Variationen dieses unendlichen Problems anzunehmen. Wir Erwachsene befürchten, daß sie dazu verführen, alles zu erlauben und willkommen zu heißen, was Spaß und Lust macht, und daß sie eine überschäumende und unbändige Tätigkeit auslösen, die sich im unsinnigen Agieren erschöpft und kein Verbot kennt. Diese Befürchtung scheint wohl gerechtfertigt, wenn oft schlimme und existenzbedrohende Abenteuer geschehen, die mit Vernichtung und Tod enden, aber als lustig und drollig erlebt werden, weil es dennoch weitergeht und alles wieder von vorne anfängt.

In diesem Zusammenhang ist erwähnenswert, daß diese Kinderbücher sowie Comics und Zeichentrickfilme wie Mickymaus, Donald Duck, die Simpsons usw. nicht ausschließlich für Kinder geschaffen sind, sondern auch Erwachsene mit dieser Flut von Bildern und Aktionen auf ihre Kosten kommen.

Denjenigen Kinderbüchern und Kinderfilmen, in denen die Aktion und ein übermäßiger Aktionismus dominieren, die vom Kind oder den Figuren ausgehen, mit denen sich das Kind identifiziert, stehen andere gegenüber, in denen hauptsächlich die Darstellung innerpsychischer Aktivitäten und die Phantasietätigkeit die zentrale Rolle spielen. Sie sind in den letzten 50 Jahren erstmals in Erscheinung getreten und verdanken ihre Entstehung und ihren Einfluß der Psychoanalyse und der modernen Kunst. Manche Bücher unter ihnen sind von bedeutenden Künstlern geschaffen und stellen in Wort und Bild kleine Meisterwerke dar. Ihre Besonderheit besteht in der Darstellung und Gestaltwerdung der psychischen Realität und der unbewußten Regungen, die in Bild und Wort erfolgt. Mit dieser Bestimmung nähern sie sich unverkennbar den Märchen an, zumal sie wie diese eine Geschichte erzählen, die sich bewußt von der äußeren Realität entfernt und das Vorbewußte und Unbewußte in einem schöpferischen Prozeß zu erfassen versucht.

Bei der detaillierten Auseinandersetzung mit dieser Literatur kristallisieren sich mindestens vier Themen heraus, die eine bevorzugte Rolle spielen. Sie lassen sich benennen als
— die Freude am Ungehorsam und die Lust am Verbotenen
— die Faszination der Grandiosität
— die Unersättlichkeit zum Größerwerden
— Menschenfresser und ähnliche Wesen

Diese Aufzählung läßt erkennen, daß es sich nicht um beliebige Themen, sondern um Lebensinhalte des Kindes handelt, die die Lebenskraft und das Antriebspotential des Menschen ausmachen. Wir sind gewohnt, diesen Drang des Menschen mit Freud als Triebregungen zu bezeichnen, unter denen das Gegensatzpaar von Sexualität und Aggression eine herausragende Rolle spielt und die Gegenüberstellung von Lebens- und Todestrieb einen wichtigen Platz einnimmt. Darüber hinaus scheint es mir wichtig, der Individuation in diesem Entwicklungsprozeß die Position eines Primats zu geben, die mit den primären Identifizierungen eine Art Urkonflikt bildet, wie ich an anderer Stelle (1991, 1997) darzustellen versucht habe.

Die Freude am Ungehorsam und die Lust am Verbotenen

Bei dem Titel Ungehorsam und Verbot denke ich erst einmal an die beiden Kinderbücher, die über ein Jahrhundert alt sind und von vielen Kindern geliebt, aber auch gehaßt werden und die in viele Sprachen übersetzt einen besonderen Einfluß genommen haben. Ich meine den 1845 erstmals erschienenen *Struwwelpeter*, der im Untertitel «die lustigen Geschichten und drolligen Bilder für Kinder von 3 bis 6 Jahren» heißt, und *Max und Moritz, eine Bubengeschichte in sieben Streichen*, die 1865 veröffentlicht wurde.

Der *Struwwelpeter*, von dem Psychiater H. Hoffmann für seinen Sohn gezeichnet und geschrieben, trifft noch heute auf ein widersprüchliches Echo, weil hier der Tat eine unbarmherzige Strafe auf dem Fuße folgt und von «lustig und drollig», wie im Untertitel vermerkt, nur im verkehrten Sinn die Rede sein kann.

Erinnern wir uns kurz an die einzelnen Episoden:
— an den Struwwelpeter, der sich nicht Haare und Nägel schneiden läßt und garstig geschimpft wird;
— an den bösen Friederich, der Spaß daran hat, Tiere und sogar sein Gretchen zu schlagen, bis ihn der Hund ins Bein beißt und er Schmerzen und Demütigungen erleiden muß;
— an Paulinchen, welches mit Streichhölzern spielt und verbrennt;
— an Ludwig, Kaspar und Wilhelm, die einen Mohren verspotten und, vom großen Niklas in die Tinte getaucht, noch schwärzer als die Mohren werden;
— an den wilden Jägersmann, dem ein Hase sein Gewehr stiehlt, als er müßig in der Sonne liegt, und der schließlich in den Brunnen stürzt;
— an den Daumenlutscher Konrad, dem ein Schneider mit einer Riesenschere die Daumen abschneidet;
— an den Suppenkaspar, der das Essen verweigert und am fünften Tage tot ist;
— an den Zappelphilipp, der am gedeckten Tisch schaukelt, umfällt und sich unter der Tischdecke mit allen Speisen begräbt;
— an Hans Guck-in-die-Luft, der ins Wasser fällt, weil er die Nase so hoch hält;
— und an den fliegenden Robert, der für immer verschwindet, als der Wind ihn samt seinem Regenschirm davonträgt.

Die kurzen Geschichten stellen im eigentlichen und vordergründigen Sinn Ungehorsam, Bosheiten und Dummheiten dar, die in vielen Fällen mit dem Tod, mit Kastration und dergleichen enden. Sie mögen als abschreckende Beispiele verstanden werden, bleiben aber grausam, auch weil uns kein Einblick in die inneren Motive gestattet wird und wir ohne Einsicht zurückbleiben. Dennoch haben die Kinder nicht selten Spaß an den Geschichten und fühlen sich nur selten bedroht. Die Freude über die Dummheiten der anderen, die Schadenfreude, ist auch bei ihnen die größte Freude.

Was den Kindern weiterhin gefällt, ist die Verwegenheit, mit der ihre Helden nicht den guten Ratschlägen der Eltern folgen, deren Gewohnheiten und gute Sitten verwerfen und mißachten und überhaupt sich gegen die ältere Generation wehren. Daß dies im Sinne der schlimmsten Befürchtungen der Eltern endet, die jene wie den Teufel an die Wand malen, gehört zum Ablauf des Geschehens: die Ängste der Eltern wie die Herausforderungen und das Spiel mit dem Feuer der jüngeren Generation.

Wilhelm Busch hat mit *Max und Moritz* 1865 ein Büchlein geschaffen, welches eine ebensolche Verbreitung wie der *Struwwelpeter* fand, aber von hohem künstlerischen Wert ist. Sie besteht in einer neuen Technik der Karikaturistik nach der höchsten Kunstregel: le minimum d'effort et le maximum d'effet. Ihm war es möglich, mit nur sechs Bleistiftstrichen einen ganzen Lebenstypus und ein ganzes Menschenschicksal zu umreißen. Max und Moritz, das berühmteste Kinderbuch deutscher Sprache, erzählt von den Streichen der beiden und ihrem unrühmlichen Ende. Sie treiben es wüst, wie wir alle wissen:

– Sie töten der Witwe Bolte drei Hühner und den Hahn, um sie ihr dann knusprig gebraten durch den Kamin vor der Nase wegzuschnappen;

– sie necken den Schneider Böck, lassen ihn in eine böse Falle laufen, so daß er in den reißenden Bach stürzt;

– sie füllen des Lehrer Lämpels Meerschaumpfeife mit Flintenpulver, so daß sie ihm in den Händen explodiert und ihn schwer verletzt;

– sie bereiten dem Onkel Fritz eine schlimme Nacht mit einer Tüte voller Maikäfer – was alle Kinder gerne nachgemacht hätten;

Dann passiert ihnen das erste Malheur beim Stehlen von Brezeln. Sie werden zu Brot gebacken, kommen aber noch einmal davon. Als sie schließlich dem Bauern Mecke die Getreidesäcke aufschlitzen, landen sie in der Mühle von Meister Müller und werden zu Schrot gemahlen und dem Federvieh verfüttert: «Gott sei Dank! Nun ist's vorbei / Mit der Übeltäterei!!»

Auch hier könnte man mutmaßen, der Erwachsene unterschiebe den Kindern böse und brutale Geschichten. Wenn einem die eigene Kindheit abhanden gekommen ist, scheint es naheliegend, bei dieser Unmoral zu denken, daß Kinder niemals auf solche Vorstellungen und Phantasien kommen könnten und wir sie erst zu solchen Bosheiten anregen und verführen. Wer Kinder gut kennt, weiß hingegen, daß sie sich beim Vorlesen gewiß bei der Lust ertappt fühlen, so etwas zu denken und dergleichen auszuhecken. So ist nicht die Tat entscheidend, sondern die Möglichkeit, solche Vorstellungen zu haben und mit ihnen gegen die Erwachsenenwelt aufzubegehren. Ist nicht die Vorstellungskraft und das Denken als schöpferische Aktivität das sicherste Mittel, das das Ausagieren verhindert?

Unter den neueren Bilderbüchern ist in diesem Zusammenhang vielleicht an die Geschichte *Gute Nacht, Willi Wiberg* von G. Bergström (1972) zu erinnern.

Die Autorin und Graphikerin hat bisher etwa 20 Bilderbücher über den Jungen Willi Wiberg geschrieben, die auch dieses Aufbegehren gegenüber den Erwachsenen zum Thema haben. Sie erfreuen sich großer Beliebtheit. Wie aus den Bildern und den Texten hervorgeht, lebt Willi allein mit seinem Vater, was seltsamerweise nicht thematisiert wird.

> In dem genannten Buch sitzt Willi Wiberg, ein vierjähriger Bub, mit zornigen Tränen im Bett, hat schlechte Laune und ist ungezogen, aber vor allem will er nicht schlafen gehen. Die Geschichte erzählt, wie der Vater alle Forderungen von Willi erfüllt, damit dieser endlich ins Bett geht. Dabei ist er völlig ergeben, mit immer demselben Gleichmut, ohne auch nur eine Andeutung von ärgerlichen oder bösen Gefühlen zu zeigen. Zu dem Ritual gehört, daß zuerst eine Geschichte vorgelesen werden muß, dann kommt der Nachtkuß, nun ein Glas Wasser und so fort. Schließlich schläft nicht Willi, sondern der Vater vor Erschöpfung auf dem Fußboden ein, und «Willi muß lachen». Der Sohn, das kleine Monster, kostet lustvoll aus, was ihm gelungen ist, und meint, daß es nun keinen Spaß mehr mache und er schlafen gehen könne, da er vom Vater nichts mehr zu erwarten habe.

Abb. 6: Illustration von Gunilla Bergström *Gute Nacht, Willi Wiberg*.
© 1974 by Oetinger, Hamburg.

Ein besonderer Reiz der Lust am Verbotenen geht von einem Bilderbuch aus, das überwechselt in die Geschichten, die sich von der äußeren
Realität entfernen und über die innere Realität und verborgene, verbo-
tene Gedanken berichten. Ich denke dabei insbesondere an *Das Traumfresserchen* von M. Ende und A. Fuchshuber (1978), das ein ‹Leckerbissen
für Psychoanalytiker› sein kann.

Abb. 7: Illustration von Annegret Fuchshuber aus dem Buch von M. Ende
Das Traumfresserchen. © 1978 by K. Thienemanns Verlag, Stuttgart, Wien, Bern.

Das Buch handelt von einer Königstochter, die Schlafittchen heißt. Ihr Problem ist, daß sie nicht schlafen kann, weil sie sich fürchtet, böse Träume zu haben. Es kommt hinzu, daß Nicht-schlafen-Können in ihrem Land, das den Namen Schlummerland trägt, eine Schande ist. So verstößt die Königstochter mit ihrem Problem gegen die guten Sitten, denn für alle Leute ist Schlafen das Wichtigste. Nicht schlafen zu können – sprich: böse Träume zu haben – heißt, kein freundliches Gemüt und keinen klaren Kopf zu haben. Die Prinzessin wird immer blasser und magerer, und Abhilfe tut not.

Der König läßt Ärzte und Professoren, zuletzt Kräuterweiber und alle kommen, die meinen, helfen zu können. Eine Belohnung wird versprochen, aber nichts hilft, auch Unmengen an Medizin sind umsonst.

Daraufhin zieht der König in die Welt, um ein Mittel gegen böse Träume zu finden – aber ohne Erfolg. Am Ende, müde und mutlos, kann er sich weder entscheiden, nach Hause zurückzukehren, noch weiterzugehen. Obendrein hat er sich verirrt und befindet sich am Ende der Welt. In seiner größten Not trifft er ein kleines, blau-weißes, beinahe durchsichtiges Männchen, das mit seinem riesengroßen Kopf voller Stacheln, kaum bekleidet, im Schnee tanzt und von schrecklichem Hunger spricht, weswegen es sich bald selbst verschlucken müsse. Sein Hunger jedoch kann nur mit bösen Kinderträumen gestillt werden. Es scheint sich ebenfalls an das Ende der Welt verirrt zu haben. So kommt ihm der König gerade recht, und auch dieser hat endlich gefunden, was er sucht. Sie werden schnell einig: Das Traumfresserchen bekommt die bösen Träume der Prinzessin, und der König erhält einen magischen Spruch, der berichtet, was das Traumfresserchen mit bösen Träumen von Kindern macht. Er stellt das Mittel dar, das die Kinder von ihnen befreit.

> *Traumfresserchen, Traumfresserchen!*
> *Komm' mit dem Hornmesserchen!*
> *Komm' mit dem Glasgäbelchen!*
> *Sperr auf dein Schnapp-Schnäbelchen!*
> *Träume, die schrecken das Kind,*
> *die lass dir schmecken geschwind!*
> *Aber die schönen, die guten sind mein,*
> *drum lass sie sein!*
> *Traumfresserchen, Traumfresserchen,*
> *dich lad ich ein!*

Darauf trägt das zierliche Männchen, einem Zwerg oder Geist ähnlich, den zweimal so großen König auf seinem Rücken über den Nordpol, Amerika und Afrika nach Hause zurück. Die Tochter ist mit dem Spruch geheilt, alle anderen Kinder ebenfalls, und alle Bewohner von Schlummerland sind stolz auf sie. Das letzte Bild zeigt König und Königin in ewiger Eintracht, mit den Köpfen aneinandergelehnt in tiefem Schlaf.

Folgt man dem ersten und naiven Verständnis, so ist alles einfach und das Traumfresserchen nicht mehr als ein Heilmittel von anderer Art, das die Königstochter von den bösen Träumen befreit. Dieses Bilderbuch würde also zum ersten Typ gehören, da die Harmonie nicht durch die Aktivität des Kindes errungen wird.

Mit einer solchen Erklärung muß man sich jedoch nicht zufriedengeben. Der Name der Prinzessin, Schlafittchen, die besonderen Gesetze im Schlummerland, und nicht zuletzt dieses seltsame Männchen lassen ahnen und spielen an auf einen komplexeren Hintergrund. Zuerst macht der Name der Prinzessin neugierig. Er wird erst einmal, im Anklang an Schneewittchen, wie alles in diesem Bilderbuch mit Schlaf zu tun haben. Ebenso hat er mit dem Ausdruck «Jetzt habe ich dich am Schlafittchen!» zu tun und könnte bedeuten: Das Mädchen wurde bei etwas Unerlaubtem erwischt, könne für ein Vergehen zur Rechenschaft gezogen werden. Und in der Tat wurde es erwischt, böse Träume zu haben. Erinnern wir uns, es ist ein schweres Vergehen in diesem Schlummerland, böse Träume zu haben.

Aber damit wird unweigerlich die Frage aufgeworfen, warum das so ist, warum böse Träume eine Schande sein können und gegen die guten Sitten verstoßen. Wir wissen nichts über den Inhalt der Träume der Prinzessin. Mit einem solchen Wissen wäre die Frage leicht zu beantworten. Wir wissen aber, daß Träume Wünsche sind, die mit der Selbstentfaltung und der eigenen Entwicklung zu tun haben. Wir haben schon erfahren, daß ein kleines Mädchen sich in dem Alter Gedanken über das Geschlechtsleben seiner Eltern macht und deswegen manchmal am Abend nicht einschlafen kann. Wir wissen auch, daß in diesem Zusammenhang viele Träume eines kleinen Mädchens um den Wunsch kreisen, ein Baby von ihrem Vater zu haben. So verstehen wir wohl, daß diese Träume gegen die guten Sitten sind.

Versuchen wir obendrein, das seltsame Traumfresserchen näher zu betrachten. Nackt und durchsichtig, beseelt von großer Freßgier, hat es die Größe eines Kindes, und mir scheint nicht abwegig, in ihm ein Kind zu sehen, ein Traumkind, ein magisches Teufelchen, das dem König gesteht: «Wenn mich nicht bald jemand zum Essen einlädt, dann muß ich mich selbst verschlucken». Damit bekommt es Ähnlichkeit mit dem kinderstehlenden Rumpelstilzchen, das, als sein Name entdeckt wurde, mit dem rechten Fuß vor Zorn so tief in die Erde stieß, daß es bis an den Leib hineinfuhr, dann in seiner Wut den linken Fuß mit beiden Händen packte und sich selbst entzweiriß.

Die tiefgründige Geschichte des Traumfresserchens mit den einem phantastischen Surrealismus entlehnten Bildern ist nicht ohne die leichte Ironie und den versteckten Humor zu verstehen, die allem einen Hauch von Eulenspiegelei verleihen. Aber dennoch ist die Geschichte und sind die Bilder eindeutig. Schlafittchen ist, wie der Name uns verrät, am Schlafittchen genommen und damit erwischt. Die bösen Träume verraten, daß es keinen klaren Kopf und kein freundliches Gemüt hat. In seinen Träumen ereignet sich etwas Verbotenes. Der Vater, und gewiß nicht zufällig dieser höchstpersönlich, versucht alles, um das Kind auf die rechte Bahn zurückzubringen. Zuletzt, als seine Bemühungen ihn beinahe das Leben gekostet haben, findet er dieses so seltsame und wunderliche Männchen, das, wie Rumpelstilzchen Kinder, den kleinen Mädchen ihren Kinderwunsch stiehlt. Es ist genau solch ein Wesen, welches er in der ganzen Welt gesucht hat – nämlich ein «Fresserchen» von ödipalen Träumen.

Aber es sei vermerkt: Nur ein hinterlistiger Gedanke führt auf diese Spur, die im Verborgenen gehalten wird, um den Frieden von Schlummerland nicht zu stören. Es hat sich uns dies Verborgene erst über den Namen Schlafittchen und das Wesen des Traumfresserchens erschlossen. Damit offenbart sich das Wundervolle dieses Buches, das durch seine Rätselhaftigkeit und Absurdität zum Denken auffordert und in der Aufforderung zum Denken das Wesentliche nicht verschweigt oder gar leugnet, sondern der Rückkehr des Verdrängten die ganze Bedeutung verleiht, damit in einem schöpferischen Akt das Geheimnis Ausdruck und Gestalt erhält.

Die Faszination der Grandiosität

Um das Kind in seinem Kind-Sein und seiner Phantasiewelt erfahren und verstehen zu können, müssen wir Erwachsenen neben dem unübersehbaren Gegenteil, nämlich der Hilflosigkeit des Kindes, die allgegenwärtig unsere Beschützerinstinkte mobilisiert, ein Auge und ein Ohr, aber auch Freude an dessen Phantasiereichtum und grenzenloser Überschätzung haben. Nichts ist bezeichnender für ein Kind, als seine omnipotenten Größenphantasien und seine tief verwurzelte Überzeugung, der Größte zu sein, alles besser machen zu können und alles bestimmen zu müssen. Überhaupt scheint in jedem Kind eine gewaltige Sicherheit zu bestehen, daß erst mit ihm die Welt beginnt und alles Bisherige nur die Vorbereitung auf sein Erscheinen ist. Gewiß wird diese grandiose Verkennung der Realität erst in der Pubertät in vollem Maße zum Ausdruck kommen, aber in allen Fasern seines Lebens gegenwärtig, können wir sie schon beim kleinen Kind beobachten, sobald es sich

zu äußern beginnt. Neben anderen hat Diatkine (1985) darauf hinge-
wiesen, in welch ausdrücklicher Weise die Pubertät ein Wiederaufleben
der allerfrühesten Kindheitsphantasien hervorbringt.

Um das ganze Ausmaß dieser Größenvorstellungen einzuschätzen,
erinnere ich an das Zusammentreffen des Baccalaureus mit Mephistopheles aus dem zweiten Teil des Goetheschen Faust[4]. Hier brüstet sich
der Baccalaureus:

> Dies ist der Jugend edelster Beruf!
> Die Welt, sie war nicht, eh' ich sie erschuf;
> Die Sonne führt' ich aus dem Meer herauf;
> Mit mir begann der Mond des Wechsels Lauf;
> Da schmückte sich der Tag auf meinen Wegen,
> Die Erde grünte, blühte mir entgegen.
> Auf meinen Wink, in jener ersten Nacht,
> Entfaltete sich aller Sterne Pracht.
> Wer, außer mir, entband euch aller Schranken
> Philisterhaft einklemmender Gedanken?
> Ich aber frei, wie mir's im Geiste spricht,
> Verfolge froh mein innerliches Licht,
> Und wandle rasch, im eigensten Entzücken,
> Das Helle vor mir, Finsternis im Rücken.

Mephistopheles' Antwort klingt lakonisch:

> Original, fahr hin in deiner Pracht! –
> Wie würde dich die Einsicht kränken:
> Wer kann was Dummes, wer was Kluges denken,
> Das nicht die Vorwelt schon gedacht? –

Der primäre Narzißmus, wie Freud (1914) ihn beschrieben und wie
Grunberger (1971) ihn in Beziehung zum Objekt entwickelt hat,
macht unübersehbar, daß es sich bei dieser Grandiosität um eine
Grundausstattung des Menschen handelt, die ihn grundsätzlich vom
Tier unterscheidet. Natürlich lehrt die Realität das Kind zur selben
Zeit, welcher Abstand und welcher Abgrund zwischen Phantasie und
Realität bestehen. Es ist diese Größenerfahrung, die die Hilflosigkeit
als noch unüberwindbarer und erschütternder hervortreten läßt und ihr
tiefe traumatische Auswirkungen verleiht, wenn die Eltern nicht ver-
ständnisvoll beschützend und ausgleichend eingreifen können.

---

[4] Goethe, J. W. v. (1949), S. 208/209.

Wir Erwachsenen neigen dazu, die Hilflosigkeit des Kindes in solcher Weise in den Vordergrund zu rücken, daß uns die Welt der Grandiosität unserer Kinder völlig verlorengeht. In diesem Zwiespalt liegt einer der Gründe, warum uns das Kind so schwer zugänglich erscheint und wir das Kind in uns verleugnen müssen. Ich denke an einen kleinen, nicht einmal dreijährigen Knaben, der seinem Großvater wie naiv vorschlägt, ob er nicht das kleine Auto seiner Eltern haben möchte; er müsse ihnen dann aber sein großes prächtiges Auto geben, da sie doch ein Auto bräuchten.

In den Psychotherapien und Analysen sind wir häufig mit den irrealen Größenphantasien der Kinder konfrontiert, und es wird leicht einsichtig, welche Wichtigkeit ihnen zukommt. Daß sie letztlich der Motor aller Vitalität und Lebensfreude und die Motivation aller Entdeckerfreuden und irrationeller Visionen sind, kann nicht in Zweifel gezogen werden, so wie es selbstverständlich eine große psychische Arbeit bedeutet, diese Kräfte nicht entgleisen und Gestalt und Struktur finden zu lassen, ohne die Hoffnung auf das Grandiose zu verlieren. Möglich wird dies nur über die Trauer und den Verzicht alles Übermäßigen.

Das kleine Bilderbuch von Maurice Sendak *Hektor Protektor* ist hierfür ein Lehrstück und von frecher Heiterkeit. Sendak greift damit zurück auf die Erzählungen von der Mutter Gans (*Mutter Gans oder die alten Ammenreine*), einer englischsprachigen, äußerst beliebten Sammlung von Ammen- und Kinderreimen und -liedern. Dort berichtet der Vers, daß Hektor Protektor, in Grün gekleidet, zur Königin geschickt wird. Die Königin und auch der König aber mögen ihn nicht. So wird Hektor Protektor zurückgeschickt.

> Sendak verändert die Geschichte grundlegend. Bei ihm wird der kleine Bub Hektor Protektor – eine schon besondere Namensgebung: der Widerstehende und der Beschützer – von seiner Mutter geweckt, damit er schön angezogen dem König eine Torte bringt. Hektor schreit «Nein» vom ersten Augenblick an und muß doch alles über sich ergehen lassen. Kaum aber ist er aus dem Haus und alleine, wirft er mit einer grandiosen Geste: «Ich hasse den König!» die Torte in den Graben. Die Strafe folgt auf dem Fuß. Ein Löwe stellt sich ihm böse brüllend in den Weg. Aber Hektor, ohne Angst, zähmt ihn mit seinem Holzdegen und macht ihn zu seinem Reittier. Auf die gleiche Art wird auch eine Klapperschlange gefangen und ihm untertan.

Abb. 8: Illustration von Maurice Sendak aus dem Buch *Hektor Protektor*.
© 1971 by Diogenes, Zürich.

Auf dem Löwen stehend und die Schlange am Degen haltend, dringt
er zur Königin vor. Sie liest gerade Gänseliese und ist zu Tode erschrok-
ken. Auch der König wird überwältigt, und der Löwe schleckt ihn ge-
nußvoll ab. Zuletzt verjagen Königin und König die Eindringlinge mit
Kochtöpfen, die sie ihnen noch nachwerfen. Vergnügt und hochzufrie-
den kehren Hektor, Löwe und Schlange nach beendeter Mission heim.
Hektor verabschiedet sich von seinen Tieren, die traurig zurückbleiben. Im Gegensatz dazu empfängt ihn seine Mutter mit finsterer Miene
und zornigem Blick. Sie zeigt ihm die schöne Torte, die im Dreck liegt,
und schickt den lauthals protestierenden Hektor ohne Essen ins Bett.
Und in der Nacht verweigert ihm auf sein inständiges Bitten hin sogar
der Rabe, ein aufmerksamer Beobachter der kleinen Geschichte, ein
Stück von der Torte für seine Hoheit, die immer noch draußen im Gra-
ben liegt.

Abb. 9: Illustration von Maurice Sendak aus dem Buch *Hektor Protektor*.
© 1971 by Diogenes, Zürich.

Die Geschichte verändert die Vorlage aus den Erzählungen der Mutter Gans vollkommen. Sie erzählt von den Größenphantasien und Phantastereien, und viele Eltern erschrecken zutiefst, wenn die Kinder Spaß an solchen Kinderbüchern haben. Sie fürchten, das Kind zu allen möglichen Untaten aufzuwiegeln, und können solche Größenphantasien ihrer Kinder nicht ertragen, da sie sie an ihre eigenen noch schlummernden und nicht betrauerten Größenvorstellungen erinnern, und die damit erlittenen Enttäuschungen ihnen existentielle Ängste bereiten. Andererseits lösen solche realitätsfremden Phantasien Ängste aus, unter dem Einfluß der Faszination der Größenphantasien den Unterschied von Phantasie und Wirklichkeit nicht vollziehen zu können und die Orientierung in den Dimensionen von Zeit, Raum und Kausalität zu verlieren. Sie äußern sich in Gegenwart des Kindes in der Befürchtung, das kleine Wesen könnte durch falsche Vorbilder verführt werden, und schließlich sei die Ungezogenheit nicht mehr zu bremsen.

Um die ganze Komplexität und Vielschichtigkeit der Faszination der Grandiosität im Kinderbuch und im Kind ermessen zu können, möchte ich in besonderer Ausführlichkeit von einem anderen Buch von

M. Sendak sprechen. Es wurde 1968 erstmals veröffentlicht, kann wohl das bekannteste Buch von ihm genannt werden und ist vielleicht eines der genialsten Bilderbücher, die wir besitzen. Wenn ich so ausführlich auf dieses Buch eingehe, so ist es deswegen, weil der Autor hier eine Möglichkeit findet, die Grandiosität des Kindes in seiner übermächtigen Phantasietätigkeit mit allen Facetten und in der ganzen Komplexität darzustellen und ihre Entstehung aufzuzeigen, aber vor allem den Prozeß der Projektionen und Identifizierungen darzulegen, der zu der psychischen Verarbeitung führt.

Das Buch heißt in deutscher Sprache: *Wo die wilden Kerle wohnen* und hat ursprünglich den Titel: *Where the Wild Things Are*. In der Übersetzung die wilden Dinge zu wilden Kerlen zu machen scheint nur eine Nuance an Unterschied, die dennoch nicht unbedeutend ist und auch Sendak gestört hat.

Der Einband des Buches konfrontiert uns mit einem Bild, das eine geheimnisvolle nächtliche Stimmung vermittelt, die auf Bedrohliches anspielt. Das Bild zeigt zwei Ufer eines Wasserlaufes, wie es zwei Realitäten von grundverschiedener Art zu entdecken geben wird. An ihm stehen Bäume und Palmen mit irreal bunten Wedeln, die ähnlich den seltsamen Phantasieblumen stilisiert sind, welche auf der Wiese wachsen. Alles ist in das milde, aber auch rätselhaftes Licht des Mondes getaucht, der voll am Himmel steht. Am entfernten Ufer liegt ein kleines Segelschiff, das verlassen vor Anker zu liegen scheint und gleichwohl mit seinen Segeln und seiner Wetterfahne voll im Wind steht. Dem Schiff gegenüber, auf der Seite des Betrachters, sitzt ein Stier in menschlicher Haltung und Gestalt, der wie ein Wächter wirkt, der vom Schlaf überwältigt ist. Er beherrscht die Szene mit seinen Hörnern, Krallen, gefährlichen Zähnen und wie zum Horchen aufgestellten Ohren. Unter seinem zweifarbigen Fell kommen menschliche Füße hervor, die verraten, daß er in einer Verkleidung steckt – womit seine Wildheit noch gefährlicher hervortritt. Obwohl er die Augen geschlossen hält und wie in einen Traum versunken scheint, entsteht dennoch der Eindruck, daß vieles geschieht und sich im Verborgenen vorbereitet.

So führt uns der Einband des Buches mit der Nacht und dem Mondschein in eine phantastische Welt, die von einem Ungeheuer bewacht ist, und in ein fernes Land, das Land der wilden Kerle, die wilde Dinge sind, einen dinglichen, gegenständlichen Charakter haben.

Auf den folgenden beiden Seiten werden wir – neben den üblichen Informationen: Name des Autors, Titel und Verlag des Buches – anhand von Bildern mit dem Thema des Buches vertraut gemacht. Die Darstellung des Themas geschieht – ohne Worte oder Erklärungen –

mit Hilfe des Bildes eines kleinen Jungen, den wir ohne Mühe als den Helden der Geschichte ausmachen, und mit der Zeichnung zweier Ungeheuer auf der linken Seite. Der Junge steckt mit seinem langen Schwanz, seinen Krallen an Händen und Füßen und seinen Schnurrhaaren in einer Verkleidung, die das Gesicht freiläßt und, mit den Knöpfen auf dem Bauch, an einen Schlafanzug denken läßt. Er schaut verwegen und beschwörend drein – ein Ausdruck, der durch die Gesten seiner Hände und Füße noch verstärkt wird. Obendrein trägt er eine prächtige goldene Krone, die für ihn beinahe zu groß scheint. Seine Angriffslust und Beschwörung mit seinem stechenden und herausfordernden Blick gilt den zwei Ungeheuern auf der linken Hälfte der Doppelseite, denen er in magischer Weise Angst einzujagen versucht. Diese Monster, dem schon erwähnten Stier verwandt, sind mit ihren großen Mäulern, spitzen Zähnen und scharfen Krallen als unendlich gefräßig gekennzeichnet. Weiterhin haben sie die Besonderheit, als männlich und weiblich differenziert zu sein. Sie stehen offensichtlich für Vater und Mutter. Obwohl sie um ein Vielfaches gefährlicher aussehen als der kleine Bub, sind sie auf der Flucht vor ihm und versuchen sich vor seinem Blick und seinen Beschwörungen in Sicherheit zu bringen. Ein kleines, scheinbar unwichtiges Detail vervollständigt dieses Geschehen: Beide Monster haben goldgelbe Augen, das dem Goldgelb der Krone des Jungen entspricht, oder sollte ich sagen, in denen sich das Goldgelb der Krone widerspiegelt? So ist eine rätselhafte Beziehung zwischen den Kontrahenten angedeutet.

Die Thematik entspricht gut und gerne dem Phantasieleben eines zwei, drei oder vier Jahre alten Buben. Sie besteht in dem Verlangen, mit List und Magie zwei Monster zu beherrschen und in die Flucht zu schlagen. Nehmen wir dabei die Andeutungen ernst, daß es sich bei den beiden Ungeheuern um einen Mann und eine Frau handelt, was in diesem Falle Mutter und Vater bedeuten würde, so geht es letztlich um ein elementares Geschehen der menschlichen Seele, nämlich um den Wunsch, Vater und Mutter, so monströs sie sein mögen, in die eigene Gewalt zu bringen, also die Fähigkeit zu besitzen, die Machtverhältnisse auf den Kopf zu stellen.

Auf diese Weise entsteht schon auf den ersten Seiten, bevor die Geschichte überhaupt begonnen hat, eine komplexe Situation, und es tun sich schwer beantwortbare Fragen auf.

Mit dem Beginn der Handlung des Buches lernen wir einen Jungen kennen, der Max heißt, dessen Alter zwischen drei und fünf Jahren liegt und der die eben schon beschriebene Verkleidung trägt. Sie entspricht mit den Knöpfen auf dem Bauch einem Pyjama und wird als Wolfspelz bezeichnet. Er steht auf dem ersten Bild wild schauend und ist im Begriff, mit einem riesengroßen Hammer einen Nagel in die Wand zu schlagen, um ein Zelt zu errichten und seine ihn von den anderen abgrenzende Welt zu bauen. Sonst hat er nur Unfug im Kopf und ist wie wild entbrannt mit hoch erhobener Gabel dabei, einen kleinen Terrier zu jagen, als ob er ihn erlegen und fressen möchte. Dieses Ausleben seiner ungestümen Vitalität und seiner kannibalischen Gelüste wird von der Mutter, die nicht im Bild erscheint, abrupt unterbrochen, als sie ihn schließlich kurz und bündig ohne Essen ins Bett steckt. Max tut ungerührt und antwortet seiner Mutter «Ich freß dich auf». Er zeigt unzweideutig, was ihn tief bewegt, nämlich die Welt ebenso wie seine Mutter zu beherrschen, indem er sie kurzweg verschlingen möchte, weil sie ihn in seinen Plänen stört.

Abb. 10: Illustration von Maurice Sendak aus dem Buch *Wo die wilden Kerle wohnen*.
© 1967 by Diogenes, Zürich.

Der Zusammenstoß zwischen seiner Grandiosität und der Realität, durch die Mutter personifiziert, wird alles verändern und eine phantastische Geschichte entstehen lassen. Mit überheblicher Miene, trotzigem und verächtlichem Blick, seine Hände siegessicher auf dem Rükken gekreuzt, läßt diese Bestrafung eine neue Welt entstehen: Die Umrisse seines Zimmers verschwinden mehr und mehr, der Raum weitet sich zu einer Landschaft mit märchenhaften Bäumen, Blumen und Blättern, in denen Max, alles beschwörend, als ob er es erschafft, mit erhobenen Armen in seinem Wolfspelz steht. Nur der Vollmond befindet sich noch an derselben Stelle und verwandelt mit seinem Licht den Wald in eine richtige Zauberlandschaft.

Aus dieser träumerischen Vision wird ein großes Abenteuer. Wir sehen Max mit einem Schiff auf dem offenen Meer. Er segelt Tag und Nacht, fast ein ganzes Jahr, und kommt zu den wilden Kerlen. Sie schauen ihn furchterregend an und wollen sich mit erhobenen Armen, messerähnlichen Hörnern und Mäulern voller spitzer Zähne auf den Ankömmling stürzen, um ihn zu verschlingen. Aber Max weiß sich zu helfen. Er schaut ihnen mit seinem kleinen Menschengesicht böse und finster, ohne Furcht und ohne zu zwinkern in die goldgelben Augen. Wie mit einem Zaubertrick zähmt er mit diesem magisch beschwörenden Blick die furchtbaren Ungeheuer – fünf, sechs an der Zahl. Sie müssen sich, einer grauenerregender als der andere, vor seinem gefährlichen Blick schützen, werden seine Untertanen und erklären Max zu ihrem König. Er nimmt mit goldgelber Krone und Zepter ihre Ehrerbietung und Verehrung entgegen.

Abb. 11: Illustration von Maurice Sendak aus dem Buch *Wo die wilden Kerle wohnen*.
© 1967 by Diogenes, Zürich.

Im Sinne des Ausdrucks kindlicher Freude und wilden Übermuts wird der König Max mit Herumspringen und Krachmachen nun gefeiert. Dabei kostet er als Anführer auf dem Rücken des Stieres mit den Menschenfüßen seine Königswürde aus.

Unter den Monstern sind auch diejenigen, die wir zu Anfang als seine Eltern ausgemacht hatten, so daß diese Traumwelt seine Grandiosität verwirklicht, die in der Beherrschung der Eltern besteht. Sie sollen ihn wie «His Majesty the Baby» auf den Thron setzen und seine Überlegenheit anerkennen. Sie feiern und verehren ihn als König – den Kleinen mit der zu großen Krone –, sie, die Ungeheuer, die sich mit ihm identifizieren, Wesen seiner Projektionen sind und in ihm ihren König sehen.

Aber plötzlich macht all das keine Freude mehr, und Max macht mit den Monstern, was seine Mutter mit ihm gemacht hat. Er schickt sie ohne Essen ins Bett, und alle gehorchen ihm, setzen sich nieder, schlafen und träumen – von ihrer eigenen Grandiosität.

Max jedoch kann nicht schlafen. Er fühlt sich einsam und will dort sein, wo ihn jemand am allerliebsten hat. Ist es die Sehnsucht, die ihn gutes Essen riechen läßt? Er will nicht mehr König sein, wo die wilden Kerle wohnen, und schon verläßt er sie mit seinem Schiff und segelt nach Hause.

Die wilden Kerle, denen dieser Abschied völlig unerwartet kommt, stoßen ihr fürchterliches Brüllen aus und fletschen ihre fürchterlichen Zähne. Sie wollen ihn zurückgewinnen. Er soll sie nicht verlassen. Sie haben ihn so gern, zum Fressen gern. Aber Max sagt ein kurzes Wort: «Nein!» und segelt ohne seine Krone mit überlegener Miene ein ganzes Jahr und viele Wochen und noch einen Tag und findet sich plötzlich in seinem Zimmer wieder mit demselben Mond, als ob die Zeit stillgestanden hätte. Und er schmunzelt zufrieden, als dort das Essen auf ihn wartet.

M. Sendak teilt uns auf den ersten Seiten Motto und Leitmotiv seines Buches mit. Es besteht in der ungestümen Lebenskraft des kleinen Max, der sich als der Größte fühlt und der so, als ob er König über Vater und Mutter sei, diesen Angst machen und sie verjagen kann. Es ist wichtig zu vermerken, daß es sich dabei nicht einfach um ein Leugnen der Abhängigkeit von den Eltern handelt, sondern daß Max, wenn er das Eltern-Kind-Verhältnis auf den Kopf stellt, das seine Wurzeln im primären Narzißmus hat, sich auf ein Naturgesetz stützt. Es ist ebenfalls entscheidend festzuhalten, daß wir schon auf der ersten Seite mit der Phantasiewelt des Helden bekannt gemacht werden. In dem täglichen Zusammenleben und der alltäglichen Wirklichkeit findet dieser Wunsch andere Ausdrucksformen. So beginnt das Buch damit, daß sich Max im Haus der Eltern sein eigenes Zelt, seine eigene Bleibe baut und dem Hund mit der Gabel zu Leibe rückt. Als die Mutter seine Pläne vereitelt, ist seine Antwort ein kannibalischer Wunsch: «Ich freß dich auf».

Damit droht er ihr, sie mit dem Akt der Einverleibung vollkommen in seine Gewalt zu bringen. Es ist folgerichtig, daß er dazu in seiner magischen Allmacht ins Land der Ungeheuer segelt, die sich durch eine übergroße Gefräßigkeit auszeichnen. Aber hier passiert etwas ebenso Unerwartetes wie Entscheidendes. Max wird nicht einer von ihnen, sondern zum König der wilden Dinge. Sie werden seine inneren Objekte und gleichzeitig berfreit er sich von ihnen, indem er sie als äußere Dinge erschafft und auf diese Weise Gewalt über sie bekommt. Mit dieser Macht ausgerüstet, ist es ihm möglich, seine Phantastereien in aller Wildheit und Verrücktheit auszutoben und ihnen genauso unerwartet zu befehlen, sich ohne Essen schlafen zu legen.

Hier passiert etwas noch Subtileres, wenn wir uns die Mühe machen, näher hinzuschauen. Wir hatten herausgefunden, daß es in dem Buch als Leitmotiv um die Beherrschung der Eltern geht. Diese Absicht hatte sich auf den ersten Seiten schließlich in dem Wunsch geäußert, die Mutter aufzufressen. Wenn Max mit diesem kannibalischen Wunsch in das Land der wilden Kerle wechselt, die im eigentlichen Sinne kannibalische Ungeheuer sind, so kommt er in das Land, in dem seine Eltern als eben diese Monster nun mit ihm tun wollen, was er mit ihnen vorhatte, nämlich sie zu fressen und zu verschlingen.

So ist die Phantasie von der Entdeckung des Zaubertricks, wie ihn Sendak nennt, nämlich den Blick in die gelben Augen ohne ein einziges Mal zu zwinkern, als ein Versuch zu verstehen, in seiner magischen Allmacht der Gefräßigkeit der Eltern zu entkommen, eine Größenphantasie, ohne die ihm eine Loslösung von den Eltern nicht möglich ist und eine Individuation mißlingt.

Jeder, der Kinder kennt, weiß von diesem Lebensdrang und dieser Überschätzung, die einhergehen mit dem Sich-Aneignen und Sich-Einverleiben, um die Umwelt in die eigene Gewalt zu bringen. Sendak versucht mit sparsamen Mitteln und oft nur in Andeutungen, uns an der inneren Welt des kleinen Jungen, seinen Phantasien und Phantasmagorien teilnehmen zu lassen, um uns vor Augen zu führen, wie weit der Weg ist, den Max zurück in die Realität antritt.

Es ist behauptet worden, daß ein solches Verbot, den Jungen ohne Essen ins Bett zu schicken, eine traumatische Situation schafft. Damit ist die Frage verbunden, ob mit der Reaktion der Mutter in dem Bilderbuch nicht ein schlechtes Beispiel gegeben wird.

Hier kommen wir zu einem weiteren Punkt, der bei der Diskussion über die Bedeutung des Buches hervorgehoben werden muß. Die Geschichte beginnt nicht mit irgendeiner Unartigkeit, die sich Max leistet, sondern mit dem imperativen Wunsch, sich im elterlichen Haus etwas Neues und Eigenes zu bauen. Wenn er es zu toll treibt und ins Bett geschickt wird, könnte dies in der Tat ein psychisches Trauma hervorrufen. Bei Max jedoch entsteht gerade das Gegenteil. Zwar wird er in sein Zimmer geschickt, aber die Wut, die aus dieser Versagung resultiert, wendet sich weder gegen die Eltern noch gegen ihn und bringt keine Schuldgefühle hervor. Im Gegenteil reagiert Max unmittelbar mit einer reichen Fülle von Phantasien, kann sich seine phantasmati-

Abb. 12: Illustration von Maurice Sendak aus dem Buch *In der Nachtküche*.
© 1971 by Diogenes, Zürich.

sche Welt schaffen und uns und sich beweisen, wie lebendig und schöpferisch er die Situation meistert. Und es gibt wohl für ein Kind kaum ein größeres Potential im Leben als die kreative Lösung seiner Probleme, die in einem ersten Schritt immer in der Phantasie stattfindet, wodurch die erste Hoffnung auf ein positives Lebensgefühl entstehen kann.

Aber eine solche glückliche Entwicklung hat eine notwendige Vorbedingung, über die uns Sendak ebenfalls berichtet. Sie besteht in der Fähigkeit des Buben, zu antizipieren, daß seine Mutter ihn – trotz allem – nicht vergessen wird, ihm seine Phantasiewelt mit seiner magischen Allmacht und den wilden Dingen wohl beläßt, und daß er dennoch auf sie rechnen kann – das Essen auf ihn warten wird.

Ein weiteres Bilderbuch, welches von der Notwendigkeit dieser Größenphantasien berichtet und das *In der Nachtküche* heißt, ist ebenfalls von Maurice Sendak und stammt aus dem Jahr 1971. Von ihm wird erzählt, es habe auch «In the womb kitchen» – In der Mutterleibküche geheißen.

Abb. 13: Illustration von Maurice Sendak aus dem Buch *In der Nachtküche.*
© 1971 by Diogenes, Zürich.

Es beginnt mit einem Jungen in einem seltsamen Flugzeug, das, wie wir später erfahren, aus Brotteig geknetet ist. Der Bub, Micky genannt, hat einen Milchtopf auf dem Kopf und widmet das Buch Mama und Daddy.

In der Nachtküche schildert eine Geschichte voller Rätsel. Sie beginnt mit Micky, einem drei, vier Jahre alten Buben, den der Lärm aus dem Schlaf aufwachen und nicht wieder einschlafen läßt. Er schreit voller Wut: «Ruhe da unten!» und schon passiert etwas mit ihm, das äußerst wunderlich ist. Micky fliegt, erst erschrocken, dann mit geschlossenen Augen und dem glücklichsten Gesicht der Welt, einem Baby vergleichbar, plötzlich splitternackt im Haus umher, an der Tür der Eltern vorbei, denen er ein: «Mama! Papa!» zuruft, in den Nachthimmel. Auf der nächsten Seite landet er in einem Brotteig, und drei Bäcker kommen hinzu, als ob sie schon auf ihn gewartet hätten. Die Bäcker, wie Köche gekleidet, sehen alle drei wie Oliver Hardy aus, der «Dick» aus den Filmen, die in deutscher Sprache «Dick und Doof» heißen. Sie mischen Micky in den Kuchenteig, als ob sie ihn gar nicht bemerkt hätten, und tun so, als ob er die Milch sei, die dem Teig noch fehlte, um ihn dann in einer Form in den Ofen zu schieben, den Micky-Ofen.

Höchst zufrieden mit ihrer Arbeit sind alle drei Bäcker verwundert, als sich mitten im Backen der Ofen öffnet und quicklebendig Micky aus dem Teig hervorkriecht, um ihnen zu erklären: «Ich bin nicht Milch und Milch ist nicht ich, ich bin Micky!»

Der Kuchenteig, in dem er im Ofen steckte, dient ihm als Fliegeranzug, und aus dem gärenden Brotteig dehnt und biegt Micky ein Flugzeug, mit dem er sich bald über die Landschaft aus Wolkenkratzern erhebt, die durch Reklametafeln Andeutungen auf edle Nahrungsmittel machen oder nur Behälter für solche darstellen. Als er eine Runde über den drei empörten Bäckern dreht, hört er sie ängstlich rufen: «Milch! Milch! Milch für den Kuchenteig!» Als Micky ihnen verspricht, Milch zu holen, sind sie zufrieden und geben ihm einen Milchtopf, den er als Kopfbedeckung nimmt.

Er steigt hoch und höher hinauf über die Milchstraße und stürzt plötzlich unter den Blicken der Bäcker in eine Milchflasche von riesigem Ausmaß. Micky, überglücklich in einem Bad von Milch, versorgt die unten wartenden Bäcker. Diese tanzen vor Freude, weil sie endlich den Kuchen backen können, und als er fertig ist, singen sie: «Ich hab probiert! Nichts ist passiert!»

Bei aufgehender Sonne steht Micky immer noch nackt auf dem Rand der Milchflasche und stößt den Hahnenschrei: «Kiikerikii!» aus. Darauf gleitet er herab und findet sich wohlbehalten in seinem Bett wieder und versinkt in tiefen Schlaf.

Über dieses Bilderbuch ist viel geschrieben und noch mehr gerätselt worden. Auch Sendak hat sich über wesentliche Teile nur in Andeutungen erklärt.

Überhaupt ist die Ähnlichkeit zu *Wo die wilden Kerle wohnen* frappierend. In beiden wird das Eintauchen in einen Traum beschrieben, wobei der Leser im Ungewissen gelassen wird, ob es sich um einen echten Traum oder einen Tagtraum handelt. Beide Male geht es um die Bewältigung einer Ängste hervorbringenden Situation.

Aus psychoanalytischer Sicht kann kein Zweifel bestehen, daß Micky durch den Lärm aufwacht, den er nachts aus dem elterlichen Schlafzimmer vernimmt. Dieser versetzt ihn in einen Zustand großer Ängste, wie sie von der Urszene ausgelöst werden. Zur Abwehr stellt sich ein Zustand von Regression ein, in den Micky hineingezogen wird. Nach dem ersten Schrecken verwandelt sich der Bub in ein glückliches Baby, so daß die Bäcker ihn für Milch halten. Aber der Micky-Ofen, weswegen die Nachtküche auch als Mutterleibküche bezeichnet wurde, gebiert Micky zu neuem Leben und läßt ungeahnte Aktivitäten entstehen. Erst einmal bestehen diese darin, daß er erklärt, nicht Milch, sondern Micky zu sein. Darauf baut er sich ein Flugzeug, holt in seiner Grandiosität von der Milchstraße den Bäckern ihre Milch und kann voller Begeisterung feststellen: «Ich bin in der Milch und die Milch ist in mir. Gott behüte die Milch und behüte mich.» Nach dieser fantastischen Rückversicherung, die durch die Milch der Mutter und die mütterliche Liebe stattfindet, fühlt er sich stark und unüberwindbar wie ein Hahn. Sein Traum und seine Wanderung, die durch die Wahrnehmung des elterlichen Koitus ausgelöst wurde, hat ihn in seiner geschlechtlichen Rolle bestärkt und läßt ihn sich in seinem gemütlichen Bett wiederfinden, über dem immer noch das Flugzeug an einem Faden hängt, mit dem er die Milchstraße besucht hatte.

So ist die Faszination der Grandiosität, von der hier die Rede ist, ein Hochmut und ein Übermut, wie ihn uns der Baccalaureus vorführt und wie er zum Größerwerden notwendig ist. Sie ist aber auch ein Schutz zur Verarbeitung von Ängsten der verschiedensten Art, nicht zuletzt derjenigen vor der Urszene, der Vereinigung der Eltern und der Gewalttätigkeit, die diesem Akt in dem Phantasieleben eines Kindes innewohnt.

Die Unersättlichkeit zum Größerwerden

Eine harmlose Einführung in dieses Thema von Kinderbüchern ist das Bilderbuch *Die kleine Raupe Nimmersatt* von E. Carle (1969). Es hat seit seinem ersten Erscheinen in den Vereinigten Staaten eine große Verbreitung über die ganze Welt gefunden und gehört zu den Klassikern. Das Buch beginnt mit einem Titelbild, das eine große, bunte Raupe mit Namen Nimmersatt zeigt. Auf ihren sechs Füßen schaut sie mit ihrem roten Kopf den Betrachter wie ängstlich fragend an, als ob sie vorhabe, etwas zu tun, was nicht ganz koscher ist. So meine ich zum einen, die unschuldigen, weit geöffneten Augen eines kleinen Kindes zu sehen, und kann mich zum anderen nicht erwehren, die Entschlossenheit zu bewundern, mit der das kleine Wesen etwas Verbotenes zu unternehmen scheint. Zu dieser doppelten und widersprüchlichen Botschaft paßt gut, daß die Raupe bei aller angekündigten Gefräßigkeit zwar einen Punkt an der Stelle der Nase, jedoch keinen wirklichen Mund hat, als ob sie ihre Absichten eher verstecken und so harmlos wie möglich erscheinen möchte.

Auf der Innenseite des Einbandes finden wir das Gegenteil dieser sich so unschuldig gebenden Erscheinung. Wir entdecken die Überreste der Freßtätigkeit, nämlich vielfach durchlöcherte Flächen, einem Schweizer Käse ähnlich, die daran denken lassen, wie Kinder einem Löcher in den Bauch fragen können. Bevor die Geschichte überhaupt beginnt, ist die nächste Seite angefüllt mit den säuberlich gestapelten Kugeln, die bisher ihrem großen Hunger anheimgefallen sind. Sie laden zum Zählen und Sammeln ein.

Die nun folgende Geschichte von der kleinen Raupe, schnell und ohne Umschweife in Wort und Bild erzählt, beginnt in der Nacht mit einem kleinen weißen Ei auf dem Blatt eines großen Baumes. Der Mond überwacht ernst und wohlwollend und nicht ohne Neugier, was passieren wird. Aber erst an einem schönen Sonntagmorgen schlüpft mit einem Knack die Raupe unter den hellen und warmen Strahlen der Sonne. Sie ist klein, hungrig und entschlossen, ein großer Schmetterling zu werden, was der Betrachter unweigerlich spürt. Sie ist aber auch alleine und völlig auf sich gestellt, was sie jedoch nicht zu bekümmern scheint. Mond und Sonne, in Anspielung auf Vater und Mutter, sind ihr wohlgesonnen, und das kleine Wesen kennt ohne Mühe seinen Weg.

Es folgt der gefräßige Marsch der kleinen Raupe, der wie die Erschaffung der Welt sieben lange Tage dauern wird. Zuerst gibt sie sich noch mit allerlei Früchten zufrieden. Dann aber muß alles dran glauben, was für Kinder besonderer Leckerbissen ist: angefangen mit Schokoladentorte, bis zu Wurst und Melone. Aber nichts kann ihren Hunger stillen und ihren Unternehmungsgeist zähmen. Um zu betonen, wie groß ihre Freßlust ist, sind in die einzelnen Abbildungen Löcher perforiert, die von der Macht und dem Drang zur Aneignung erzählen – den Kinder gerne mit ihren kleinen Fingern nachvollziehen.

Abb. 14: Illustration von Eric Carle aus dem Buch *Die kleine Raupe Nimmersatt*.
© 1969 by Eric Carle, Gerstenberg-Verlag, Hildesheim.

Am Ende des siebenten Tages kann sie vor Bauchschmerzen nicht mehr weiteressen, und noch einen Tag später hat sie keinen Hunger mehr. Ihr Blick, den sie dem Betrachter zuwendet, zeigt weniger Ängstlichkeit und Schuldgefühle. Eine beinahe mütterliche Erfülltheit, eine zu ihrem Ende gekommene Schwangerschaft hat der Gefräßigkeit Platz gemacht. Dies läßt an die paradoxe und für manche vielleicht absurde Erfahrung von Winnicott (1950, 1954 und 1955) denken, die ich so gerne erwähne und so treffend finde: Der Säugling muß seine Geburt als Ergebnis seiner eigenen Bemühungen empfinden.

Nun ist der Weg durchschritten, die Raupe baut sich ihr Haus, ihren Kokon, in dem sie zwei Wochen bleibt, um als wunderschöner Schmetterling wiederzuerscheinen und ihr Leben als Erwachsener zu beginnen. Aber auch dieser kann sich über seine fantastischen Flügel kaum freuen, wie es scheint, und dies nicht nur, weil auch er keinen richtigen Mund hat, der der Freude Ausdruck verleihen könnte.

Die Geschichte von der Raupe, die ein schöner Schmetterling wird, ist zwischen Eltern und Kind ein nicht selten benutztes Gleichnis, um die Entwicklung vom Kind zum Erwachsenen darzustellen. Es ist eine naive und sentimentale Metapher, die vordergründig so ganz unserem Wunschdenken entspricht.

Natürlich handelt es sich auch in diesem Bilderbuch um eine vermenschlichte Raupe, so wie es allen Tieren ergeht, die in Kinderbüchern vorkommen. Erst diese menschlichen Züge ermöglichen die Identifizierung. So empfindet das Kind große Freude, sich in das Leben und in den Körper einer solchen Raupe zu begeben, um mit ihr zu durchleben und zu erfahren, welche Lust und welche Angst es bedeutet, sich seinen triebhaften und narzißtischen Regungen hinzugeben, um groß, stark und schön zu werden und die Abhängigkeit von den Erwachsenen zu überwinden.

Beim näheren Betrachten dieses so gewinnenden Bilderbuches ist nicht zu übersehen, daß der Autor über die harmlose Seite die hintergründige und tiefere Bedeutung des Themas der Gefräßigkeit nicht übersieht, zu dem, wie wir erfahren werden, immer auch das umfassende Thema der Unersättlichkeit gehört.

Damit meine ich zum einen die Tatsache, daß die Raupe in der Suche nach ihrem Weg und in ihrer Entfaltung letztlich alleine ist und alleine sein muß, damit sich ihre persönliche Entwicklung vollenden kann. Zum anderen kommt der Umstand hinzu, daß jedes Nehmen, jedes Sich-Aneignen wie auch jede Form von Gefräßigkeit die Gier impliziert. Es kommt hinzu, daß jedes Nehmen den Anderen einbezieht und ein Wegnehmen ist. Deswegen sind neben der Freude auch immer Angst und Schuldgefühle im Spiel. Dem Autor gelingt es, oft versteckt und nur mit kleinen Andeutungen, diese Konflikte gegenwärtig zu machen. So drücken die Augen der Raupe, die den Betrachter an allen entscheidenden Augenblicken voll anschaut, keine Freude und gar Begeisterung aus, wie man vermuten könnte. Die Raupe hat, wie erwähnt, auch keinen Mund. Der harmlose Fleck in der Mitte unter ihren Augen ist keineswegs ein Werkzeug, das so großen Hunger zu stillen hilft. So versteckt sie vor dem Betrachter ihre Lust am Fressen und vermittelt dem großen und kleinen Bewunderer, der die Geschichte wieder und wieder mit Faszination liest, daß es sich um keine ungeteilte Freude handelt.

Der besondere Wert des Buches, der die große Verbreitung rechtfertigt und das Verdienst des Autors sind wohl darin zu sehen, daß nichts beschönigt und verniedlicht wird und daß, in kleinen, beinahe unscheinbaren Einzelheiten angedeutet, die ganze Komplexität des Vorganges zum Vorschein kommen kann.

In der amerikanischen Originalfassung nennt der Autor die Raupe übrigens nicht Nimmersatt, sondern einfach «very hungry». So mag auch er Mühe gehabt haben, sich vor der Gefräßigkeit zu organisieren – wir wissen, daß auch er als Kind Eßprobleme hatte.

Hat der Autor *Der kleinen Raupe Nimmersatt* das Thema von der Gefräßigkeit in einfühlsamer Weise geschildert, so drückt sich das Bilderbuch *Der Sterngrauch Nimmersatt* (K. Baumann und S. Eidrigevicius, 1993) in einer befremdend direkten Weise über eben dieses Problem aus. Es beginnt mit der Darbietung der einzelnen Bilder. Sie stellen eine Person, oder sollte ich sagen, ein Wesen dar, welches aus einer Maske vor dem Gesicht mit gläsernen Augen den Betrachter verloren und verzweifelt anschaut. Hinzu treten kleine Kinderhände, die die einzigen lebendigen Teile des Bildes sind und die den Gegenstand umfassen, den das Wesen gerade verschlingt. Nur die Hände deuten an, daß es sich womöglich um ein Buch für Kinder handelt, und sie helfen dem Betrachter, die Verzweiflung, Traurigkeit und Grausamkeit zu mildern. Die Hände stecken in einer schwarzen Jacke. Das Wesen, welches den Betrachter anschaut, ist in der Mehrzahl der Bilder Sterngrauch, der Nimmersatt. Neben ihm treten auch zwei weitere Personen auf, die ebenfalls solch eine Maskierung und dieselben Kinderhände haben, so als ob die Geschichte durch ein Kind mit verschiedenen Masken dargestellt wird. Die Bilder bekommen alles in allem den Charakter eines Bänkelgesangs, als ob es sich um ein Moritatenlied handeln würde, zumal der Text in Versen geschrieben ist und wie ein Märchen beginnt: «Es war ein Sterngrauch Nimmersatt...». Aber hier siegt das Gute nicht über das Böse. Alle Maskengesichter drücken Verlorenheit und Verzweiflung aus. Die Gefräßigkeit ist nicht von geringster Lust oder Freude begleitet. Sie ist eher ein Zwang, sich alles aneignen und einverleiben, rauben und beherrschen zu müssen, was wie ein Fluch zu sein scheint und mit Zerstörung und Selbstauflösung endet.

Die Geschichte ist ebenso erschreckend wie die Bilder:

> Es war ein Sterngrauch mit Namen Nimmersatt und weil es sich schlapp und matt fühlte, verzehrte es alles Hab und Gut des Nachbarn, eines Müllers: Äpfel, Salat, Bohnen Kohl, das Feld, den Wald – bis es sich «im Leeren fand». Darauf bat Sterngrauch denselben Nachbarn, dem er alles weggefressen hat, um die Hand seiner Tochter Marie. Diese stimmt zu, aber der Vater weigert sich, weil Hof und Mühle zu klein seien, um seinen Hunger zu stillen. Sterngrauch klagt: Es würde ihm verweigert, was schon seine Mutter ihm verweigert habe, Nestwärme und ein bißchen Liebe, weshalb er dem Drang, alles zu fressen, erliege. Sieben Jahre später trifft Sterngrauch den Müller und seine Tochter wieder: der erste ist vergrämt, die Tochter noch ledig. Der Nimmersatt

rächt sich und verschlingt nun auch Vater und Tochter, Mühle und Feld, ebenso die Gitterfenster des Zuchthauses und die Eisenketten, die ihm angelegt werden, und schließlich ebenfalls die drei Wächter. Darauf ward er nie mehr gesehen.

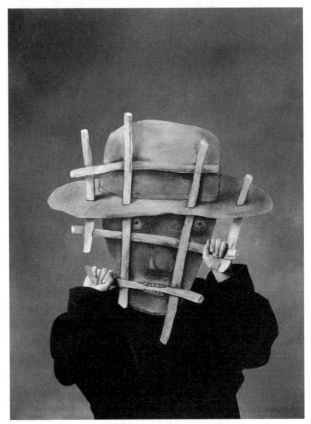

Abb. 15: Illustration von Stasys Eidrigevicius aus dem Buch von Kurt Baumann *Der Sterngrauch Nimmersatt.* © 1993 by Nord-Süd-Verlag, Gossau, Zürich u. Hamburg.

Dieses rätselhafte Buch, das nicht ohne hohen künstlerischen Anspruch ist, gibt Anlaß zu den verschiedensten Projektionen und Deutungsversuchen.

Gewiß wird hier die Maske nicht dazu benutzt, um zu maskieren und zu verbergen, sondern sie ist im Gegenteil analog dem griechischen Theater dazu da, eine Tragödie darzustellen, um einen Blick hinter das Kindergesicht zu tun und einen Zugang zu inneren Zuständen zu gestatten.

Auf dieser inneren Bühne und jenseits eines persönlichen Schicksals – nur so betrachtet kann man wohl diesem Buch gerecht werden – geht es um einen Drang des Menschen, der ihn in solche Tiefen der Verzweiflung stürzen kann, da er keine Gewalt über ihn hat, ihm ausgeliefert ist.

So gesehen ist der tragische Versuch, sich der Tochter seines Opfers zu nähern, um diese zu heiraten und Nestwärme und Liebe zu erhalten, was ihn von dem Drang nach Gefräßigkeit befreien soll, von Anfang an ein vergeblicher Versuch. Es ist ein Versuch der Heilung durch Liebe (Freud 1914, S. 169), der in einer übermäßigen und idealisierten Besetzung des Objekts erfolgt und nur zur Verarmung des Ichs und zur Enttäuschung der gehegten Erwartungen führen kann.

Das Ende der Geschichte läßt darüber keinen Zweifel. Noch sieben Jahre später, sonntäglich gekleidet, nach der Predigt und trotz der Schicksalsschläge, die auch Vater und Tochter erleiden mußten, wütet unerbittlich die Rache in Sterngrauch, und er muß beide auffressen, was auch sein Ende und seine Auflösung bedeutet.

So stellt dieses Buch die unendliche Bedeutung und Tragik der Unersättlichkeit und der Gier dar, die den Menschen beseelen. Sie gehören zu seiner hauptsächlichen Antriebsfeder und liegen seiner Lebensfreude und Lebenskraft zugrunde, so wie sie ihn bei Entgleisung jämmerlich zerstören können.

Bei einer solchen Darstellung des Problems und einer solchen Interpretation stellt sich natürlich die Frage, ob wir es mit einem Bilderbuch für Kinder zu tun haben. Es drängt sich die Vorstellung auf, daß nur Erwachsene Verständnis für dies Buch aufbringen und seine Geschichte mit Interesse verfolgen können.

Eine kurze klinische Beobachtung[5] dazu mag die Ausführungen ergänzen und aufzeigen, daß auch Kindern dieses Buch etwas zu sagen hat. Ein autistisches Mädchen, Noëlle genannt, über das wir in drei Kurzberichten (Stork et al. 1994, 1995) referiert haben, erklärte das Buch vom Sterngrauch über eine Zeit hinweg zu ihrem Lieblingsbuch. Wir hatten ausführlich ihre Problematik und Behandlung sowie die entscheidenden Forschritte dargestellt und werden diese in einer der nächsten Nummern der Zeitschrift vervollständigen. Zuvor hatte die Raupe Nimmersatt ihre besondere Aufmerksamkeit gefunden. Seit aber der Sterngrauch unter den Büchern im Wartezimmer auftauchte, verlor diese jedes Interesse. Die Faszination wurde nicht durch die Weigerung der Mutter getrübt, der Tochter dieses grausame Buch vorzulesen. Die Mutter versuchte es sogar unter den anderen Bilderbüchern zu verstecken. Aber jedesmal fand Noëlle es ohne Zögern und mit sicherem Blick. Sie nahm es auch mit in die Sitzungen, schaute es immer

---

5   Der Fall wird von Frau Gabriele Schlarb-Gollart behandelt.

wieder an, gab ihre Kommentare, die vor allem in «hm, schmeckt gut!» bestanden. Schon bald sind abgebildete Gegenstände im Buch, wie zum Beispiel die Ketten, gleichgesetzt mit der Kette, die ihre Therapeutin trägt. Parallel zur Identifizierung mit dem nimmersatten Sterngrauch wird es für Noëlle möglich, das Krokodil zu entdecken, das sie immer mehr für sich gewinnen und besetzen kann und das sie die verschiedensten Gegenstände fressen läßt, Sterngrauch nacheifernd.

Erst danach wurde auch ihre Therapeutin in dieses Geschehen einbezogen. Sie mußte ihr Krokodile malen, so als ob Noëlle nun beginne, sie an ihrer Freude in dieser symbolhafteren Form zu beteiligen. Dabei spielen die vielen Zähne eine bevorzugte Rolle. Wenn Frau S.-G. jedoch nicht tut, was Noëlle von ihr verlangt, bekommt sie einen Wutanfall, wirft sich auf den Boden, schlägt und beißt schließlich.

Wir können so nachvollziehen, daß nicht die Raupe Nimmersatt, sondern erst der Sterngrauch Nimmersatt mit seiner brutalen Thematik zu einer Gestaltwerdung ihrer übergroßen und unbarmherzigen Einverleibungsphantasien beigetragen hat. In der Folge war es diese Gestaltgebung, die zu einer teilweisen Bewußtwerdung führte und durch die sie vorbewußt Zugang zu ihrer Zerstörungswut erhielt.

Die Ausmaße dieser heftigen Gefühle von Gier, und die Angst vor ihnen konnten nun die Hinwendung und Einbeziehung des Objektes – ihrer Therapeutin – bewirken und notwendig machen. Daß dies einen weiteren Schritt bedeutet, aus ihrer autistischen Welt herauszutreten, und daß die beschriebene Entwicklung über so ein brutales Bilderbuch initiiert wurde, ist naheliegend. Auch scheint mir wichtig zu erwähnen, daß es dem kleinen Mädchen zu keinem Zeitpunkt ihres Lebens an Nestwärme und Liebe von seiten ihrer Mutter und ihres Vaters gefehlt hat, wie Frau S.-G. und ich uns in vielen Gesprächen mit den Eltern über Jahre hin überzeugen konnten. Ihre hauptsächliche Problematik bestand darin, ihre Aggression und Unersättlichkeit, zu denen sie aus übergroßer Angst, ihre Mutter zu zerstören, keinen Zugang hatte, in ihre Psyche zu integrieren und damit einen Zugang zur Individuation zu ermöglichen.

W. Scherf, der Autor des *Märchenlexikons*, mit dem ich das Glück hatte, viele Wanderungen in das Reich der Märchen unternehmen zu können, berichtet in einem seiner Bücher, *Fantasma und Dramaturgie* (1987, S. 162-169), über Geschichten, die eine ähnliche Grausamkeit aufweisen. Eine davon lautet:

Ein altes Paar wünscht sich sehnlich einen Hoferben. Da findet der Mann ein Wurzelmännchen im Wald. Er nimmt es mit, seine Frau legt es in eine Wiege und singt ihm ein Lied. Aber das Wurzelmännchen hat schrecklichen Hunger. Es erhält Milch, wird mit drei Laib Brot gefüttert, ißt die ganze Räucherkammer leer, dazu das Kraut aus dem Faß und obendrauf Honig töpfeweise. Dabei wächst der Nimmersatt in erstaunlicher Weise.

Die beiden Alten gehen mit ihrem Sohn aus dem Haus, da verschlingt er als erstes ein Geißlein, dann Kalb und Kuh, wächst dabei immer mehr und schreit jedesmal, was für einen entsetzlichen Hunger er habe. Schließlich verschlingt er Vater und Mutter, räumt das Haus leer, denn er verschmäht auch Tische, Bänke und Schränke nicht. Der Freßunhold begibt sich auf Wanderschaft. Ein Mann mit einer Schubkarre kommt an die Reihe, ein vollbeladener Heuwagen samt zwei Rössern und dem Bauern, der auf dem Heu sitzt – der Unhold ist zu einem riesenhaften Kerl geworden.

Da begegnet ihm ein altes, schwerhöriges Weib, das er anschreit und ihm seine Absicht verkündet, auch sie samt ihrer Sichel zu verschlingen. Die Gegenfrage der Schwerhörigen verfehlt natürlich beim Zuhörer ihre Wirkung nicht: «Büblein, wo willst du denn heute noch hin?»

Bei der Alten gerät der Fresser an die Falsche. Sie stürzt sich auf ihn und schlitzt ihm mit der Sichel den Wanst auf. Und da kommen sie alle heraus: zuerst der Heuwagen mit den zwei Rössern und dem Bauern oben drauf und am Ende auch die beiden Alten, von denen der Erzähler feststellt, daß sie sich seitdem keine Kinder mehr gewünscht hätten.

Zu diesem Märchen scheint mir ein Bericht aus der psychoanalytischen Klinik zu passen:

Vor längerer Zeit habe ich eine Frau behandelt, die die Befürchtung hatte, ihr 14 Tage alter Säugling könne ein Vampirkind sein. Die Mutter ging in ihrer wahnhaften Vermutung so weit, daß sie mit einer Knoblauchzehe ihren Verdacht zu bestätigen oder zu zerstreuen versuchte. Das Kind entwickelte zu der Zeit schwere Schlafstörungen.

Ich will Sie in großen Schritten durch die Analyse der Patientin führen, wobei ich mich natürlich besonders auf das hier besprochene Thema konzentriere, das ohnehin den roten Faden der unbewußten Problematik beinhaltet.

Die Patientin hatte sich bei der Geburt der Tochter, ihres ersten Kindes, mit besonderer Aufopferung und Liebe der Aufgabe einer Mutter hingegeben und ein «ehernes Gesetz» darin gesehen, eine gute Mutter zu sein, ihrem Kind jedes Bedürfnis zu erfüllen. Die Tochter sollte es besser haben, nicht das Leid erfahren, das sie selber hatte erdulden müssen, und nicht die Haßgefühle gegenüber der Mutter empfinden, die sie selbst ihrer Mutter gegenüber kannte.

Die Gefühle gegenüber ihrer Mutter gingen auf eine traumatische Situation zurück, die sich zwischen dem Ende ihres zweiten und dem Anfang ihres dritten Lebensjahres ereignete. Die Mutter erwartete zu dieser Zeit ein Baby und mußte wegen einer Eklampsie lange das Bett hüten. Sie brachte einen Buben zur Welt, und meine Patientin brach sich ungefähr zur selben Zeit beim Schaukeln ein Bein. Sie werden erraten, auf welche Weise das kleine Mädchen dieses Ereignis erlebt und verarbeitet hat.

Die Patientin konnte mir darlegen, welch «eine magische Einheit in Liebe», «eine seelische Zweisamkeit» sie mit ihrem Kind versucht habe herzustellen. Sie habe sich so ganz in ihrer Tochter gesehen, und ihr Säugling sei besonders lebensgierig gewesen. Es habe sich um ein gegenseitiges Fressen gehandelt. Ihren Mann habe sie aus der Beziehung mit dem Kind ganz herausgehalten, als ob es diesen Vater nicht geben sollte.

Die Situation habe sich umgekehrt und ihr gutes Gefühl sei verlorengegangen, als der Säugling mit ungefähr 14 Tagen angefangen habe, in ihre Brustwarzen zu beißen. Sie sei sogleich von der Angst überwältigt worden, die Tochter könnte ihr die Brust abbeißen, könnte sie zerreißen und zerstören und könnte ein Vampirkind sein.

Die Analyse schreitet in den ersten Jahren fort und erst drei Jahre später erfahre ich nähere Einzelheiten über die Hintergründe dieses Vampirkindes, und zwar zu dem Zeitpunkt, als Frau H. ein zweites Baby erwartet.

Diese neuen Einzelheiten stehen zu Beginn in Verbindung mit einem Traum: Die Patientin träumt, sie sei mit einer Freundin in einer idyllischen Landschaft und erzähle ihr, in wen sie alles in ihrem Leben verliebt gewesen sei und mit wem sie geschlafen habe. Sie beginnt mit der Gegenwart und geht immer weiter in die Vergangenheit zurück, wobei sie bei einem Freund anhält, den sie in ihrem sechsten Lebensjahr hatte. Plötzlich fragt die Freundin, von wem das Baby sei, das sie erwarte. Die Patientin lacht vieldeutig, gibt keine Antwort, und beide sind sich klar, was sie an dieser Stelle verschweigt, daß nämlich der Vater dieses Kindes ihr eigener Vater ist. Daraufhin verwandelt sich die idyllische Landschaft. Eine Ruine, die in der Nähe steht, wird zu einer riesigen Frau, einer Art Muttergöttin, mit riesigen Brüsten. Sie setzt sich in Bewegung und verfolgt sie. Die Patientin wacht auf.

Mit diesem Traum öffnet sich der Zugang zu ihren Inzestwünschen, die weit in ihre Kindheit zurückführen und eine übergroße Rolle gespielt haben. Sie erinnert sich, oft gewünscht zu haben, die Mutter möge sterben, damit sie den Vater heiraten könne. Sie habe sich immer wieder heimlich Kinder von ihrem Vater gewünscht und den wahnhaften Eindruck gehabt, in ihrem Bauch Kinder zu besitzen, die sie vor der Mutter verstecke. Andererseits habe sie wegen dieser Phantasien der Mutter gegenüber besonders gefügig sein und sich ihr immer unterordnen müssen.

Auch seien alle diese Kinder, die sie sich gewünscht hatte, nicht lebensfähig, etwas Gefährliches und Schreckliches gewesen, wie ein Vampirkind, und sie habe immer den Eindruck gehabt, daß ihre Mutter diese Kinder habe töten wollen.

Als ihre erste Tochter zur Welt gekommen war, seien diese Ängste wieder vermehrt aufgetreten. Sie habe gemeint, sie selber dürfe nicht existieren, und habe auch Angst gehabt, sie könne die Tochter umbringen, ihr etwas antun, es würde etwas Schlimmes mit ihr passieren usw. Immer sei sie von der untergründigen Befürchtung verfolgt worden, sie selber müsse sterben.

Schon als junges Mädchen habe sie oft gedacht, daß sie keine eigenen Kinder werde haben dürfen und daß sie einen Witwer mit Kindern heiraten müßte. Auch habe sich sich immer Kinder ohne einen Vater gewünscht. Als ihre Tochter zur Welt gekommen sei, habe sie sich den Vornamen aus Todesanzeigen herausgesucht. Es sei wohl auch wegen all dieser Dinge, daß sie die Tochter als ein so gefährliches Monstrum erlebt habe, das sie auffressen wolle. Das Kind sei ihr fremd gewesen. Sie habe sich der Tochter wie ausgeliefert gefühlt, und dann wieder sei es so gewesen, als ob sie die Tochter selber sei. Auch habe sie gemeint, sie müsse selber sterben. Deswegen wohl habe sie auch das Wochenbettfieber bekommen. Ihr sei gewesen, als ob ihr Tod der Preis für das Leben ihrer Tochter sei.

Einige Jahre später (sieben Jahre nach Beginn der Analyse und nicht weit von deren Ende) vervollständigte sich dieses Bild. Ich erfahre nähere Einzelheiten über die Phantasien zur Geburt ihres Bruders, als sie 2 ^{1}/$_2$ Jahre alt war. Sie beginnt erst jetzt, sich an Einzelheiten dieser traumatischen Situation und ihrer phantasmatischen Verarbeitung zu erinnern, die sehr aufschlußreich sind. Sie habe als Kind, als sie ihren Bruder an der Brust der Mutter gesehen habe, gewünscht, daß er die Mutter ganz leer saugen solle, so daß sie sterben müsse, und daß der kleine Bruder dann ihr gehöre, sie an die Stelle der Mutter treten könne.

Als sie dann nach der Geburt ihre Tochter zum ersten Mal an die Brust gelegt habe, habe sie plötzlich die Vorstellung gehabt, das Kind sei ihr Bruder, der in vollen Zügen an ihrer Brust sauge, sie aussauge, so daß es ihr schlecht und schlechter gehe, sie völlig entleert würde, schließlich sterben müsse. Über die Phantasmatisation wird klar, wie die Ängste um das Vampirkind entstanden sind, das sie erstmals im Alter von 2 1/2 Jahren ihrer Mutter gewünscht hatte, um sie beiseite zu schaffen und den Platz der Mutter einzunehmen.

Die Patientin berichtet noch weiter, daß sie nach der Geburt ihres Kindes intensive sexuelle Lust empfunden, dies wie einen Orgasmus verspürt habe, und es sei ihr gewesen, als ob sie den Vater geliebt hätte, der Vater ihr ein Kind gezeugt hätte.

Als ihre Mutter sie am Wochenbett mit ihrem Kind besucht habe, sei sie sicher gewesen, die Mutter komme, um ihr den Sohn wegzunehmen. Dieses Wegnehmen des Sohnes (wohlbemerkt nicht der Tochter) sei ein richtiger Familienmythos.

Das folgende Bilderbuch beschreibt dagegen einen recht geglückten Umgang mit der Unersättlichkeit. Wir lernen einen Jungen kennen, der seinen Eltern gegenüber den Mut und die Durchsetzungskraft aufbringt, ein Objekt für sich zu beanspruchen, das ihm ein Begleiter wird und mit dem er den Wünschen nach Vereinnahmung – den eigenen, wie denen der Eltern – begegnen kann.

Das Buch heißt *Bimbo und sein Vogel* (M. Auer und S. Klages, 1988) und ist ein erfrischend heiteres Buch, das eine klare Aussage hat und zum Nachdenken zwingt. Bimbo ist in dem Alter, in dem er nicht mehr der Mittelpunkt für seine Eltern ist und seine Welt sich nicht mehr ausschließlich um die Eltern dreht.

> Bimbo hat beschlossen: «Ich will einen Vogel haben». Die Eltern sind absolut dagegen, zumal es ein Vogel sein soll, der bei ihm im Bett schläft und der mit ihm frühstückt. Die Eltern wehren sich, bis Bimbo meint, er falle jetzt tot um, wenn er seinen Vogel nicht bekomme. Schließlich darf er ihn sich kaufen, und stolz führt er den entsetzten Eltern einen ausgewachsenen Schwan vor. Sie lassen sich nicht ein zweites Mal zwingen und weigern sich, den Schwan in der Wohnung aufzunehmen.
>
> Bimbo beschließt, dann werde er mit dem Schwan im Wald wohnen. Es ist schon Nacht, als beide, Bimbo und der Schwan, im Wald ankommen. Die Tiere des Waldes sind allesamt böse gegen diesen Eindringling Bimbo und wollen ihn verjagen. Doch haben alle Angst vor dem Schwan, seinem Beschützer. So verbringt Bimbo unter dessen Fittichen die Nacht im Walde.
>
> Am nächsten Morgen hat Bimbo nur ein Ziel: «Komm, wir gehen einen Riesen suchen!» sagt er zum Schwan. Bald steht er vor einem riesigen Ungeheuer, zehnmal größer als er. Bimbo aber fragt den Riesen unerschrocken, ob er keine Angst vor ihm habe, denn er habe einen mächtigen Beschützer, den Schwan. Das Ungeheuer jedoch ist wenig beeindruckt und frißt beide zum Frühstück.

Im Bauch des Riesen jedoch beginnt der Schwan fürchterlich zu flattern, so daß dem Monster ganz elend wird. Es beginnt sich zu schütteln, und zuerst purzelt Bimbo mit dem Schwan und danach eine Unmenge von Dingen und Menschen aus dem Bauch heraus: Kinder und Fahrräder, Hunde, Zirkusse, Rennautos, Meerschweinchen, eine Schildkröte, junge Hunde, Feldmäuse, Spitzmäuse, Ameisen und als letztes ein Floh.

Nach dieser Heldentat meint Bimbo, wieder zu Hause Aufnahme zu finden, und er erzählt, welche Gefahren er überwunden und wie sein Schwan ihn beschützt hat. Die Eltern können den Schwan nicht mehr fortschicken und ebensowenig alle die Kinder, Menschen und Sachen, die er aus dem Bauch des Riesen befreit hat. Sie bevölkern nun wie eine kleine Spielzeugwelt sein Zimmer. Die Eltern sind sprachlos, und Bimbo beschließt, der Aufforderung der Eltern zu folgen und baden zu gehen.

Bimbo hat es schwer, seine Eltern zu überzeugen, daß er etwas braucht, um seiner und der Eltern Anhänglichkeit, Einvernahme und Gefräßigkeit zu begegnen, ihr nicht ausgeliefert zu sein. Der Autor erfindet mit viel Einfallsreichtum, wie es uns die Märchen vormachen, den Schwan. Mit ihm als Begleiter und als Teil von sich, denn Bimbo hat ihn gewollt und erfunden, kann er dem Riesen begegnen oder der Unersättlichkeit in ihm entgegentreten. Und es ist diese Erfindung, die ihn seine eigene Welt erschaffen läßt. Man kann sich leicht in dem Thema der Unersättlichkeit verlieren, weil sie überall und in vielen Verwandlungsformen unser Leben bestimmt und uns nimmersatt verschlingt, während wir meinen, sie zu verschlingen.

Erinnern wir uns abschließend an das Märchen *Von dem Fischer un syner Fru* aus der Grimmschen Sammlung.

Es erzählt von einem Fischer und seiner Frau, die in einem Pißpott leben, bis der Fischer eines Tages in der See einen Butt fängt. Dieser verspricht ihm die Erfüllung seiner Wünsche, wenn er ihn wieder freiläßt. Der Fischer spricht seiner Frau davon, und so passiert es, daß er den Butt oftmals rufen muß:

> *Manntje, Manntje, Timpe Te,*
> *Buttje, Buttje in der See,*
> *myne Fru, de Ilsebill*
> *will nich so, as ik wol will.*

Abb. 16: Illustration von Simone Klages aus dem Buch *Bimbo und sein Vogel*.
© 1988 by Beltz-Verlag, Weinheim Basel, Programm Beltz & Gelberg, Weinheim.

Seine Frau wollte zuerst statt in dem Pißpott in einer Hütte wohnen,
kaum aber hatte sie diese, mußte es ein steinerner Palast sein, und nun
gingen die Wünsche völlig mit ihr durch. Erst wollte sie König, dann
Kaiser und darauf sogar Papst sein. Aber auch dies genügte ihr nicht.
Sie verlangte, der liebe Gott selbst zu sein – und mußte unversehens zurück in den Pißpott.

Zu welchem Ziel die Unersättlichkeit den Menschen bringen will,
bleibt eine offene Frage. Zum Größerwerden – das ist eine nur unbefrie-
digende Antwort. Aber allein sie als Phänomen anzuerkennen und ihr
in Wort und Bild Gestaltung zu geben kann ein erster Schritt sein, ihr
nicht ausgeliefert zu sein.

Maurice Sendak hat in seinem Kinderbuch *Higgelti piggelti pop! oder: Es
muß im Leben mehr als alles geben* eine metaphorische Antwort zu diesem
Thema gegeben; ein Buch übrigens, das verdient, ein philosophisches
Kinderbuch genannt zu werden.

Für mich ist es das faszinierendste und zugleich wunderlichste Bilderbuch, das ich kenne. M. Sendak hat es für Kinder von 7 bis 70 Jahren geschrieben, und seine Bewunderung für Ammenreime und Kinderlieder, aber speziell seine Liebe für die Volksreime von Mutter Gans (Tales of Mother Goose, dt.: *Mutter Gans oder die alten Ammenreime*) haben bei dem Buch Pate gestanden. Diese Reime, erstmals 1697 in französischer Sprache von Ch. Perrault gesammelt, wurden 1729 ins Englische übersetzt und haben sich sehr verändert. Sie erfreuen sich im englischen Sprachraum noch heute großer Beliebtheit.

Sie bestehen aus Andeutungen an Geschichten, Ereignissen und Begebenheiten, die einfach passieren und die mit dem gesunden Menschenverstand so gar nichts zu tun haben. In der Tat sind sie die verdichtete Darstellung einer witzigen, zotigen, herausfordernden und frechen Welt, die sich über alle Vernünftigkeit grandios erhebt und alle Äußerlichkeit in Metaphern verwandelt. Alle Reime zusammengenommen zu einem Welttheater zu machen, wie dies Sendak tut, bedeutet, sich unserer inneren Realität mit all ihren Ver-rücktheiten und Widersprüchlichkeiten anzuvertrauen.

So heißt der Reim, der dem Buch den Namen gab und den Jennie, die Hauptdarstellerin, täglich auf die Bühne bringen wird:

> *Higgelti Piggelti Pop!*
> *Der Hund fraß den Mop*
> *Das Schwein kommt hurtig angerannt*
> *Die Katz ist außer Rand und Band*
> *Higgelti Piggelti Pop!*

Ein anderer Reim lautet:

> *Gänschen, Gänschen, Gänserich,*
> *treppauf und runter schickst du mich.*
> *Soll ich ins Zimmer der Lady sehn?*
> *Da sah ich einen alten Mann,*
> *der nicht mehr beten kann.*
> *Zog ihn an seinem linken Bein*
> *die Treppe runter, da half kein Schrein.*

Die Hauptperson der Geschichte, die Sendak in seinem Buch erzählt, ist Jennie, eine Terrierin, Sealyham-Hündin, von deren Schicksal berichtet wird. Einst hatte Jennie alles und einen Herrn, der sie liebte. Doch das kümmerte Jennie wenig. Sie wünschte sich etwas, was sie nicht hatte, und verkündete ihren Grundsatz: «Es muß im Leben mehr als alles geben!» (There must be more to life).

Also tut sie alles, was sie besitzt, in eine große Ledertasche mit Schnalle und geht in die Welt hinaus. Schon an der nächsten Straßenecke trifft sie ein Schwein, welches mit einem Plakat die Hauptdarstellerin für Frau Hules Welttheater sucht. Im Englischen ist es das «World Mother Goose Theatre», und damit sind es die Kinder- und Ammenreime, die für Sendak zur Bühne werden, die die Welt bedeuten.

Abb. 17: Illustration von Maurice Sendak aus dem Buch *Higgelti Piggelti Pop!*
Oder: Es muß im Leben mehr als alles geben. © 1969 by Diogenes, Zürich.

Um der Geschichte ihre tiefsinnige und wahrhaftige Eulenspiegelei zu lassen, möchte ich sie an dieser Stelle nicht erzählen und sie den Leser selbst entdecken lassen. Sie ist so unsinnig, wie sie Anfänge unseres Lebens mit dessen Ende zu einem Welttheater macht, und so sinnvoll, wie sie von einer Gestaltung der Innerlichkeit lebt, die wir immer neu entdecken müssen und die unsere menschliche Natur hoffen, wünschen und fordern läßt: Es muß im Leben mehr als alles geben.

Bekanntlich ist dieses Buch wie alle übrigen von Maurice Sendak eng mit dessen Biographie verbunden, und es bedürfte eines längeren Exkurses, die persönlichen Hintergründe transparent zu machen, über die verschiedentlich, insbesondere von Lanes (1980, S. 151-173) und

Lange (1987, S. 51-60) geschrieben wurde. Ich weigere mich jedoch, ein künstlerisches Werk mit Hilfe von Fakten, die wir vermeintlich über die Biographie des Autors kennen, zu sezieren und zu zerpflücken. Was bleibt, ist zumeist kein tieferes Verständnis, sondern eine wohl und zumeist pseudowissenschaftlich präparierte ‹Leiche›.

Menschenfresser und ähnliche Wesen

Ein bei Kindern beliebtes Bilderbuch ist *Zeraldas Riese* von Tomi Ungerer (1970), zu dem ich wie zu seinem Autor eine herzliche Affinität verspüre. Es handelt von einem riesigen Menschenfresser, der kleine Kinder zum Frühstück verzehrt, und von einem kleinen Mädchen, das ihn eines Besseren

Abb. 18: Illustration von Tomi Ungerer aus dem Buch *Zeraldas Riese*.
© 1970, 1974 by Diogenes, Zürich.

belehren wird. Mit dem Buch stellt sich die Frage, was Kinder veranlassen mag, sich über einen Kindermörder vorlesen zu lassen und dessen Grausamkeiten auf den Bildern zu betrachten und zu studieren. Uns Erwachsenen erscheint ein solches Verhalten unweigerlich als abartig, wenn nicht sogar pervers – auch wenn die Geschichte gut ausgeht. Dennoch ist die Faszination der Kinder für Menschenfresser eine Realität, die uns aus den Märchen vertraut ist. Sie mag uns noch mehr erschrecken, wenn wir auch bei uns die verborgene Lust entdecken, die von diesem Thema ausgeht.

Betrachten wir das Bilderbuch *Zeraldas Riese* näher, so finden wir auf dem Titelblatt ein übergroßes Monster mit giftigen Augen, einer ungeheuerlichen Nase, die unzweifelhaft an einen Penis denken läßt, und fletschenden Zähnen in einem weit aufgerissenen Mund, den man förmlich sagen hört: «Ich rieche Menschenfleisch!» Im Kontrast dazu sitzt diesem Riesen ein liebliches kleines Mädchen mit blonden Haaren auf dem Schoß, das keck und beinahe verliebt zu ihm aufschaut. Es lehnt sich vertrauensvoll, oder zumindest ohne Scheu und sichtbare Angst, an seinen Arm, dessen Hand ein übergroßes Messer umschließt. Es scheint mir nicht leicht, einen eklatanteren und stärker zum Unverständnis auffordernden Kontrapunkt zu ersinnen. Daß diese Komposition aus herzlicher Naivität und verschlingender, mörderischer Gewalt die Eltern abstößt, muß nicht erstaunen. Daß Kinder davon aber wie magisch angezogen sind, ist ein Geheimnis, das zu ergründen uns dieses Bilderbuch auffordert.

Auf den ersten Seiten lernen wir den Riesen in seiner körperlich bedrohlichen Grausamkeit kennen. Wie auf der Titelseite leuchten seine Augen vor Bosheit und Gier, und wir fürchten uns vor seiner abartigen Nase, seinen scharfen Zähnen und seinem riesigen Appetit, den er gerade zu stillen versucht. Man ist gar nicht erstaunt zu erfahren, daß er am allerliebsten auf der Welt kleine Kinder zum Frühstück ißt. Sein dolchförmiges Messer ist schon blutig, und im Käfig vor ihm sehen wir einzig die Hände eines Kindes, das sich hilfesuchend an den Stäben festhält. Wir erahnen, daß es nicht freudig dreinschaut wie Zeralda auf der Titelseite, und tiefe Abscheu ist das Gefühl, das uns bewegt. Daß der Riese ein einsamer Menschenfresser ist, wie er uns sympathieheischend vorgestellt wird, kümmert uns wenig, denn wie wäre es, wenn er auch noch Freunde hätte?

Die nächste Seite zeigt den Menschenfresser auf Raubfang in der Stadt. Wieder hat er ein paar Kinder gefangen. Aber die Eltern werden immer einfallsreicher und findiger, um ihre Kinder zu verstecken, so daß er bald keine Beute mehr macht. Schließlich kann er nur noch von solch feinen Mahlzeiten träumen und muß sich mit Haferschleim, lauwarmem Kohl und kalten Kartoffeln zufriedengeben – was ihn immer griesgrämiger macht.

Natürlich haben wir bei dieser Geschichte von Anfang an gewußt, daß wir uns hier mit dem Menschenfresser in einer Phantasiewelt wie im Märchen befinden. Dennoch läßt uns Tomi Ungerer die Bedrohung so hautnah erleben, daß eine verborgene Seite von Angst und Lust an solcher Gefräßigkeit aus einer längst vergangenen Zeit zu uns zurückkommt. In eben diese Zeit purzelt nun auch unser Riese, der sich mit Kinderspeise begnügen muß und wieder zum Kind wird. Mit diesem eleganten Kunstgriff gelingt es Tomi Ungerer, den Menschenfresser zu einem Phantasieprodukt unserer Kindheit zu machen und ein Wesen entstehen zu lassen, das ein Teil neben vielen anderen Teilen ist, die das Ganze ausmachen. Gleichwohl führt er uns unendlich verdichtet und in schöpferischer Laune vor Augen, welche Lust an Zerstörung in uns wohnt, welche Entgleisung sie erfahren kann und wie sie nach Ergänzung und Austausch strebt, wenn sie sich nicht im Wiederholungszwang erschöpft.

Mit dem Erlebnis dieser argen Versagungen tritt eine neue Welt zu diesem Szenarium des Horrors. Wir lernen die liebliche Idylle kennen, in der Zeralda lebt. Sie bewirtschaftet, abgelegen in einer Lichtung inmitten der Wälder, zusammen mit ihrem Vater einen Bauernhof und hat noch nie von einem Riesen und solchen Greueltaten gehört. Ihre Mutter ist gestorben, wie wir nebenbei von dem Bild mit Trauerflor über dem Bett des Vaters erfahren. Zeraldas große Leidenschaft besteht deswegen nicht zufällig im Kochen. Schon mit sechs Jahren weiß sie, wie auch die kompliziertesten Speisen zuzubereiten sind. Nun ereignet es sich, als der jährliche Markttag stattfindet, daß der Vater zuviel von ihren Apfelklößen gegessen hat und krank im Bett liegt, so daß Zeralda mit einem reichen Angebot alleine auf den Markt fahren muß.

Hier nun stoßen die beiden so unterschiedlichen Welten aufeinander, begegnen sich die unersättlichen, egozentrischen und zerstörerischen Strebungen mit der Phantasmagorie der menschlichen Einfallskraft und dem Zauber der Metapher.

> Der Menschenfresser wittert schon von weitem die fette Beute und stürzt sich mit dem Dolch von einem vorspringenden Felsen auf Zeralda. Doch er rutscht in seiner Ungeduld aus, schlägt auf die Straße und liegt bewußtlos vor ihr. Das Maultier, das den Karren zieht, das Schwein, alle starren angstvoll auf die Szene. Nur Zeralda sieht ihre Stunde gekommen, hat Mitleid und eine listige Idee. Sie beginnt unverzüglich zu kochen und zaubert dem noch auf der Straße liegenden Menschenfresser ein Mahl von Köstlichkeiten:

Wasserkressecremesuppe,
geräucherte Forelle mit Kapern,
Schnecken in Knoblauchbutter,
eine Platte mit gebratenen Hühnchen
und ein Spanferkel.

Der Riese ist entzückt. Er hat noch niemals so gut gespeist und ver-
gißt bei diesen Sinnesfreuden seine Gelüste auf sein Lieblingsgericht:
die kleinen Kinder.

Der Bann ist gebrochen. Der Riese lädt Zeralda in sein Schloß ein
und stellt ihr die Keller voller Gold zur Verfügung. Alles will er ihr geben, wenn sie mit ihm kommt. Zeralda überlegt nicht lange, lädt den
Menschenfresser auf den Wagen, und im Schloß angekommen wird sie
zur Meisterköchin, erfindet neue Speisen und schreibt Bände um Bände
von Kochbüchern. Unter ihren Schöpfungen gibt es solche Köstlich-
keiten wie: Schokoladensauce Rasputin, Gebratener Truthahn à la
Aschenputtel, Menschenfresser-Wonne und vieles mehr.

Alle Menschenfresser aus der Nachbarschaft werden eingeladen und
alle verlieren bei diesen Speisen den Geschmack an Kindern. Auch wird
der Riese ein Liebling der Kinder, und als Zeralda zu einer schönen
Jungfrau herangewachsen ist, nimmt er sie zur Frau. Am Ende steht ein
Familienbild mit Schloß und vier Kindern. Und eines unter ihnen berei-
tet sich schon – Messer und Gabel auf dem Rücken versteckt – darauf
vor, das Baby zu verzehren, das die Mutter als Jüngstes auf dem Arm
hält.

Das Ende der Geschichte hilft uns, das Rätsel zu lösen. Der Riese ist ein
kleiner Bub, der seiner Mama alle Babies aus dem Bauch fressen will
und sich wie ein Menschenfresser gebärdet. Als aber keine mehr zu finden sind, muß er sich mit Babynahrung zufrieden geben, was ihn in
fürchterliche Laune versetzt. Glücklicherweise gibt es eine Zeralda, die
in Umkehrung wie eine sorgende Mutter daherkommt, um ihr Baby in
einen Menschen zu verwandeln. Ihre Kochkünste lassen das Herz so
manchen Ehemannes vor Neid stillstehen. Die Liebe geht durch den
Magen, und die Menschwerdung und der Sieg der Poesie über die Bar-
barei ist ein schöner Traum. Aber die Geschichte ist nicht zu Ende. Sie
geht unendlich weiter und schon nährt der nächste Bub lüstern seine
kannibalischen Wünsche auf das neue Baby. Und auch er wird den Verzicht auf seine narzißtischen Vorrechte (Freud 1914, S. 157) mit einem
Ersatz bewerkstelligen müssen.

In dem Sinne nutzt es wenig, wenn Eltern, von ihren Zöglingen be-
drängt, das Buch gegen ihren Willen vorzulesen, erschreckt das Wort
Menschenfresser zum Algenfresser machen.

Abb. 19: Illustration von Tomi Ungerer aus dem Buch *Zeraldas Riese*.
© 1970, 1974 by Diogenes, Zürich.

Vor bald 20 Jahren habe ich das Buch einem kleinen dreijährigen
Mädchen mit dem schönen Namen Vanessa vorgelesen. Sie war ein
reizendes kleines blondhaariges Geschöpf, das mit seinem Puppenge-
sicht auf charmante Weise verbarg, wie sehr sie schon mit allen Was-
sern gewaschen war. Sie konnte sich besonders gut ausdrücken, siezte
mich und andere Erwachsene und war gerade in den Kindergarten
gekommen.

Als sie einmal bei uns zu Besuch ist, schlage ich ihr vor, ihr *Zeraldas Riese* vorzulesen. Sie willigt gerne ein und fragt, nur wenig an mich gelehnt, das Deckblatt betrachtend, ob der Riese der Papa des Mädchens sei.

Während der grausamen ersten Passage, in der berichtet wird, daß der Riese als Menschenfresser kleine Kinder zum Frühstück verzehrt, gibt es kaum eine Bemerkung von ihr. Vanessa zeigt keine Angst noch Erschrecken, Zurückweichen oder dergleichen. Eher scheint sie manches nicht vollkommen wahrnehmen zu wollen.

Als darauf Zeralda mit ihrem Vater auf dem Bauernhof erscheint, freut sie sich über den Papa. Nach einiger Zeit jedoch stellt sie mit einem gewissen Bedauern fest, daß es keine Mama gibt, als ob sie bemerkt hätte, daß die Mutter von Zeralda tot ist.

Wie nun der Menschenfresser Zeralda entdeckt und sich auf sie stürzen möchte, kommt mehrere Male die Frage, ob er sie nun nicht auffrißt – wobei dennoch keine Angst entsteht.

Als aber passiert, was sich im Buch ereignet, ist Vanessa begeistert und wie elektrisiert kommt es aus ihr heraus: «Die Zeralda (wobei sie vor Aufregung «Keralda» sagt) kenne ich, die habe ich auf der Straße getroffen, die ist meine Freundin, und wir waren zusammen bei dem Riesen und ich habe die Keralda zu ihrem Papa geschickt und ich bin bei dem Riesen geblieben. Ich kann auch so gut kochen.»

Darauf hört Vanessa schweigend mit großen Augen der Verwandlung des Menschenfressers in einen liebevollen Ritter zu, der an Kinder Dauerlutscher verteilt und später Zeralda heiratet. Sie hat nichts mehr hinzuzufügen und ist vollauf glücklich. Als ich das Buch zu Ende gelesen habe, möchte sie, daß wir wieder von vorne anfangen.

Es bleibt die Frage und das Rätsel, warum eine solche gewaltige und gewalttätige Phantasiewelt in uns existiert und wieso sich unsere Lüste und Gelüste nicht wenigstens bei Kindern und für kleine Kinder zivilisierter ausdrücken können.

Zeraldas Riesen verwandt sind die vielen Blaubart-Märchen, die zumeist nicht so gut ausgehen, weil der böse Mann, das Ungeheuer oder der Menschenfresser entlarvt und getötet werden. Diese Märchen sind weit verbreitet und üben eine große Faszination auch auf Erwachsene aus.

Ein Märchen, das F. Karlinger in Sardinien aufgezeichnet hat, scheint mir besonders eindrucksvoll. Es heißt *Deusmi* und berichtet von einem armen Hirten, der drei Töchter hat, aber keine eigene Herde besitzt.

Als er die Schafe und Ziegen eines anderen Herrn hütet, geht eines verloren. Todmüde stöhnt er: «Deus mi», und ein wilder Mann steht vor ihm, der eben diesen Namen trägt. Mit seinem feuerroten Bart verfügt er über wunderliche Kräfte und weiß dem Hirten sein Tier zurückzugeben. Dieser ist überglücklich und Deusmi verlangt dafür eine seiner Töchter zur Frau. Am nächsten Tag kommt er sie holen und führt sie auf sein Felsschloß und in prunkvolle Gemächer, von denen aber drei für sie verschlossen sind. Auf ihre Fragen macht Deusmi ihr das mittlere Zimmer auf. Dort sieht sie einen Berg von Mädchenleichen, die tot, aber unverwest dort liegen, und er erklärt ihr: Dies seien alles Frauen gewesen, die ihm nicht gehorcht und ihn betrogen hätten. Ihr würde es ebenso ergehen, wenn sie nicht befolge, was er sage.

Eines Tages geht Deusmi auf Reisen und fordert seine Frau auf, während dieser Zeit eine Totenhand zu essen. Die erste Tochter folgt seiner Aufforderung nicht und wirft die Hand in die Abfallgrube. Die zweite Tochter, die danach dieselbe Aufgabe zu erfüllen hat, versteckt die Hand hinter einem Schrank. Beide werden entlarvt und erstochen und zu den Leichen des mittleren Zimmers geworfen.

Zuletzt holt der Unhold die jüngste Tochter, Itria, die aber nicht alleine kommt, sondern das Bildnis der lieben Jungfrau Maria mitnimmt. Deusmi zeigt ihr die beiden ermordeten Schwestern im mittleren Zimmer und erklärt ihr, die seien ihm untreu geworden und auch sie werde so bestraft, wenn sie nicht tue, was er wolle.

Wieder verreist der Unhold, wieder soll die dritte Tochter während der Zeit die Totenhand essen. Die Madonna auf dem Bildnis jedoch rät ihr, die Hand zu Asche verbrennen, in ein Säckchen zu tun und in ihrer Vagina zu verstecken (Karlinger hat in der deutschen Fassung aus Schamhaftigkeit statt Vagina Achselhöhle übersetzt). Als Deusmi zurückkommt und auf seine Frage die Hand ihm antwortet, sie sei in Itria, ist er überglücklich und zeigt Itria alle Schätze, aber vor allem weiht er sie in die Geheimnisse der zwei Zimmer ein, die ihr noch verborgen sind. So erfährt sie, daß in dem linken sich ein Fläschchen Öl befindet, das alle Toten wieder lebendig macht. Aber das rechte Zimmer, so vertraut er ihr an, enthält etwas, das sie nie sehen dürfe, sonst würde etwas Fürchterliches geschehen.

Die dritte Tochter verspricht Gehorsam, aber öffnet mit Unterstützung des Bildnisses der Madonna auch das rechte Zimmer und findet einen erstochenen Königssohn, den sie sogleich mit dem Öl zum Leben erweckt. So bekommt Itria ihren Königssohn, befreit die toten Mädchen, und der Unhold wird in einem großen Feuer verbrannt.

Hat Zeralda ihren Menschenfresser mit ihren Kochkünsten in einen schönen Ritter verwandelt, so befreit Itria ihren Königssohn durch List aus der Gewalt des Unholds.

In Perraults Märchen *Die Schöne und das Tier* (vgl. das Märchen «Besenstielchen» bei L. Bechstein) ist es eine Kaufmannstochter, die durch Geschäfte ihres Vaters in die Hände eines Ungeheuers kommt und dieses liebgewinnt. Erst als der Vater todkrank ist, wird sie gewahr, daß auch das Biest sie liebt, und ihre gegenseitige Liebe erlöst den schönen und geistreichen Königssohn aus seiner Verwünschung.

Das Thema ist so alt wie die Welt. Sogar die Rahmenhandlung *Der Erzählungen aus den Tausendundein Nächten* berichtet von einer solchen Erlösung des frauenmordenden Mannes durch die geliebte Frau. Auch hier ist der König Schehrijar ein frauentötendes Ungeheuer. Jede Nacht verlangt er eine Jungfrau, die er am nächsten Morgen töten läßt. Auch er verhält sich so, weil seine erste Frau ihn betrogen hat. Erst Schehrezad kann ihn in 1001 Nächten mit Geschichten von vergangenen Völkern und all ihren wunderbaren Lebensschicksalen und Gleichnissen von diesem Unglück befreien.

Gewiß erzählen diese Märchen von den Schwierigkeiten, die sich auftun und ergeben, wenn eine Frau einen Mann und ein Mann eine Frau liebt. Aber sie schildern uns eigentlich Geschehnisse, die noch älter sind. Als Psychoanalytiker haben wir das Privileg, Kenntnisse davon zu erhalten, welche unbewußten Konflikte sich in einem kleinen Jungen herausbilden können, wenn er die allzugeliebte Mutter mit einem Mann und seinem geliebten Vater teilen muß. Diese Kenntnisse legen es nahe, daß der frauenmordende König Schehrijar, Zeraldas Riesen nicht unverwandt, nicht eigentlich die Frauen meinte, sondern die eine Frau, die er am innigsten geliebt hatte und die ihn zur Welt brachte. So wird Schehrezad zu der Zeralda, die in einer umgekehrten Analyse – denn nicht er, sondern sie erzählt – den König von seinen Mordgelüsten befreit.

Eine vollkommen andere Menschenfressergeschichte erzählen uns V. Dayre und W. Erlbruch. Sie ist uns aus unserer psychoanalytischen Arbeit in unheimlicher Weise vertraut.

Es geht um *Die Menschenfresserin*, die so böse war, daß sie wünschte, ein Kind zu essen. Die Bilder zeigen eine erschreckende, seltsame Frau, die in jeder Hinsicht Angst um sich verbreitet, alleine schon wegen ihres gierigen, lechzenden Blickes, ihres großen Unterkiefers und des nicht enden wollenden Mundes. Überhaupt ist sie riesig von Gestalt, schmückt ihren Kopf mit Feigenblättern und ist immer in einer Vorwärtsbewegung, einem Insekt ähnlich, das sogleich zuschlagen wird.

Die Menschenfresserin hat schon viele schlimme Dinge in ihrem Leben gemacht, aber noch kein Kind verschlungen. Jetzt aber ist sie gewillt, sich auch diesen Wunsch zu erfüllen. Jedoch kann es nicht irgendein Kind, muß es ein appetitlicher Junge sein. Auf der Suche findet sie: Einen, der zu dürr ist, ein anderer ist zu dick, zu schlau, oder es fehlt eine Hand. So sucht und sucht sie und hält alle in ihrem Bann, die sie von dem bösen Vorhaben abhalten möchten. Keineswegs gibt sie sich mit Lämmern und Ferkeln zufrieden und bettelt, man möge ihr ein Kleines geben und sie werde nicht mehr zurückkommen.

Schließlich kehrt sie völlig erschöpft zu sich nach Hause zurück und erblickt den niedlichsten Bengel auf Erden: «Der Kleine war ganz (...) einfach zum Fressen». Und sie frißt ihn auf. Erst ein paar Tage später, als der Leckerbissen verdaut ist, erinnert sich die Menschenfresserin, daß sie ein eigenes Kind hatte. Sie sucht es überall und entdeckt, daß sie es verschlungen hat, ohne zu wissen, was sie da tat!

Sie weinte nicht, aber noch heute hört man ein raunendes Klagen: «Gebt mir einen Kleinen zum Liebhaben. Man hat mir meinen genommen!»

Abb. 20: Illustration von Wolf Erlbruch aus dem Buch von Valérie Dayre *Die Menschenfresserin*. © 1970 by P. Hammer, Wuppertal.

Diese Menschenfresserin, einer archaischen Mutterimago vergleichbar, erinnert an viele Geschichten, die das Leben geschrieben hat, wenn sie auch nicht ganz so kannibalisch enden. Mich läßt sie an einen 35jährigen Mann denken, der vor vielen Jahren zu mir wegen eines Risus sardonicus in Analyse kam. Dieses Bestand aus einem hämisch maskenhaften Lachen, das vor allem einsetzte, wenn er sich aufgefordert fühlte, in

Gesellschaft und Frauen gegenüber ausgesprochen freundlich zu sein. Mein Patient war ein herzlicher und freundlicher Mensch. Daher erschütterte ihn dieses Lachen außerordentlich, und er war stark in Mitleidenschaft gezogen, vor allem weil er sich dessen unendlich schämte. Nachdem dieser Risus mit 19 Jahren aufgetreten war, hatte er über zehn Jahre lang vieles unternommen, um sich davon zu befreien. Dabei hatte er unter anderem alle möglichen Physio- und Psychotherapiemethoden durchprobiert, bis er schließlich mit 30 Jahren in Psychoanalyse kam.

Als er über sich zu sprechen begann und seine besondere Beziehung zu Frauen zum Thema wurde, verschwand schon nach ein paar Monaten der Risus sardonicus. Über Jahre hindurch blieben jedoch eine tiefe Scham und die Angst, das hämische Lachen könne wieder auftreten. Mein Patient war sich seiner vorteilhaften Wirkung auf Frauen wohl bewußt und hatte viele und wechselnde Liebschaften in großer Zahl. Was er aber nicht recht wahrhaben wollte, war, daß er eine übergroße Angst hatte, diese Beziehungen könnten zu eng werden. Im Laufe der Analyse erst begann er sich darüber zu beklagen, daß Frauen sich beschwerten, er könne sich nicht verlieben. Schließlich mußte er sich eingestehen, daß seine Freundinnen recht hätten und daß dies alles in seltsamer Weise mit seiner Kindheit verbunden war.

Zuerst hatte er die größte Mühe, sich überhaupt an seine Kindheit zu erinnern. Nur ein Traum, ein Wiederholungstraum, war ihm im Gedächtnis geblieben. In der Latenzzeit hatte er oft von einer «weiblichen Wesenheit», so seine Bezeichnung, geträumt, deren Stimme wie aus den Eingeweiden kam und ihm drohte und ihn in Angst versetzte. Mehr aber war nicht zu erfahren.

Dies alles blieb recht rätselhaft, und es bedurfte einer langen, mühevollen Arbeit, die über Jahre ging, bis er in sich die Ängste entdeckte, die er tief unbewußt gegenüber Frauen hegte. Damit kam wie parasitär ein Ausdruck in sein Bewußtsein, der einer gemeinen Beschimpfung glich und immer auftrat, wenn er neben seiner Mutter stand, zu der er ein freundliches und anhängliches Verhältnis hatte. Lange schämte er sich unendlich, so daß er mir nicht davon sprechen konnte. Das Schimpfwort hieß «glitschige Vagina», und er empfand einen heftigen Impuls, seiner Mutter diese Worte dauernd an den Kopf zu werfen. Mit der Zeit verwandelte sich die glitschige in eine «gefräßige, gierige Vagina», Worte, die in der Muttersprache des Patienten ähnlich sind. Wohlgemerkt, der Patient konnte sich in Gegenwart seiner Mutter zurückhalten, dennoch mußte er schließlich eingestehen, daß diese stummen Beschimpfungen deutlich gegen sie gerichtet waren.

Zu dieser Zeit und weil alles nur schleppend vorankam, habe ich meinen Patienten auf das kleine geniale Kinderbuch von Tomi Ungerer *Kein Kuß für Mutter* aufmerksam gemacht; gewiß ein faux-pas für eine psychoanalytische Arbeit lege artis, aber was tut man nicht alles, um dem Unbewußten auf die Schliche zu kommen.

Kein Kuß für Mutter ist die Geschichte eines kleinen Katzen-Katers, der unzählige Dummheiten macht, teilweise sogar derbe Streiche vollführt, von denen ein kleiner Junge nur träumt. Er ist ein recht herziger Wildfang und heißt Toby. Ihm gegenüber gibt es Frau Tatze, seine Mutter, die ihren Sohn mit ihrer ausladenden und vereinnahmenden Liebe verfolgt, die höchst ödipalen Verführungen gleichkommt. So erwartet und verlangt sie einfach für alles einen Kuß von ihm, ein Begehren, gegen das sich Toby mit allen Mitteln wehrt. Es wird sogar durchsichtig, daß es erst diese Verfolgung mit Liebe und Küssen ist, die seine Untaten diese extremen Formen annehmen läßt. Als Toby sich bei einer Rauferei in der Schule verletzt hat und einen großen Verband trägt, ist die Mutter, die ihn, schön gemacht, zum Mittagessen im Restaurant von der Schule abholt, vollkommen entsetzt und überhäuft ihn mit Küssen. Da ist die Stunde gekommen und Toby wehrt sich ein für alle Mal:

> Toby ist außer sich.
> Tobend reißt er sich los:
> »Küß mich nicht vor allen Leuten!
> Küsse, die ganze Zeit Küsse!
> Ich mag nicht! Ich will nicht!!!
>
> GUTEN-MORGEN-KÜSSE
> GUTEN-ABEND-KÜSSE
> BITTE-KÜSSE
> DANKE-KÜSSE
> KÜSS-MICH-KÜSSE
> VERZEIH-SCHATZ-KÜSSE
> SOMMER-KÜSSE
> WINTER-KÜSSE
> PAPPIGE KÜSSE
> SCHLABBRIGE KÜSSE
> LABBRIGE KÜSSE«

Es gibt letztlich ein Abkommen:

> KEIN KUSS FÜR TOBY
> KEIN KUSS FÜR MUTTER

– und die Mutter erhält einen Blumenstrauß. Der Vater übrigens interveniert jedes Mal, wenn die Wogen zwischen Mutter und Toby zu hoch schlagen.

Abb. 21: Illustration von Tomi Ungerer aus dem Buch *Kein Kuß für Mutter.*
© 1974 by Diogenes, Zürich.

Das Buch ist ein kleines Juwel, wird aber von nicht wenigen Müttern als subversiv angesehen, wie mir Tomi Ungerer erzählte.

Die Reaktion meines Patienten war heftig. Fasziniert, tief erschreckt und angeekelt von dieser kußsüchtigen Katzenmutter und ihrem Mund, den er mit einer Vagina verglich, die gierig alles verschlingt, machte er die Geschichte zu etwas, das ihn unmittelbar anging.

So half ihm das Buch *Kein Kuß für Mutter*, zu entdecken, welche unbewußten Phantasien sich in den Träumen und Beschimpfungen Ausdruck zu verschaffen suchten; d. h. seine tiefen Ängste gegenüber Frauen standen in Zusammenhang mit der übermäßigen Liebe und der entsetzlichen Enttäuschung und den mörderischen Phantasien zum Zeitpunkt der Geburt eines kleinen Bruders. Nun begann er, Erinnerungen aus seiner Kindheit zu bringen. So hatte er den Vater einmal gefragt, wen er, der Vater, lieber tot sehen möchte, seine Frau oder seine Mutter. Nachdem er seine Frage in: wen er «lieber möge» abgemildert hatte, habe der Vater geantwortet, er möge seine Frau lieber als seine Mutter. Tief empört hatte er dem Vater erklärt, daß er nur seine Mutter und sie für immer lieb habe, da er in ihrem Bauch gewesen sei und ihr Bauch ihm gehöre.

In diesem Sinne ist in der Menschenfresserin und dem Menschenfresser in völlig unterschiedlicher Weise die kannibalische Liebe und der kannibalische Haß ein geheimnisvolles Thema. Bei Freud findet man schon in den *Drei Abhandlungen zur Sexualtheorie* von 1905 (S. 101) eine Anspielung auf den Kannibalismus, doch wird der Begriff erstmals in *Totem und Tabu* (1912, S. 171 ff) entwickelt. Er drückt in der Psychoanalyse die unterschiedlichen Formen der oralen Einverleibung aus, die Liebe wie auch Zerstörung bedeuten können. Daß die vaginale Einverleibung ersterer nahesteht, die Dimensionen des phantasierten Existenzverlustes durch Rückkehr in den Mutterleib und der Kastration enthält, zeigen die Beispiele, die in der frühen Kindheit ihren Ursprung haben. Daß dazu ebenfalls das Thema Angst vor der Frau in seiner allgemeinen Gültigkeit gehört, scheint nicht verwunderlich.

Am Ende der Ausführungen über den zweiten Kinderbuchtyp läßt sich festhalten, daß diese Bücher sich nicht ausschließlich mit der Freude am Ungehorsam, der Lust am Verbotenen, der Faszination gegenüber der Grandiosität und dem Nimmersatt der Unersättlichkeit beschäftigen.

Es geht in den Inhalten der Bücher um mehr. Ihr Anliegen ist zum einen, die Darstellung und Gestaltgebung zu schaffen, und zum anderen, Wege der Bewältigung und Lösung aufzuzeigen. Sie ermöglichen es, wie auf einer inneren Bühne in den Bereich der psychischen Realität vorzudringen. Es gelingt ihnen, den Themen der unbewußten Konflikte und des Unbewußten allgemein, mit ihrer Irrationalität und Unbestimmtheit, Gestaltung zu verleihen. Aber sie gehen noch einen Schritt weiter, wenn sie das uralte Thema aufwerfen: «Es muß im Leben mehr als alles geben». Ist dies nicht auch der Wunsch von Adam und Eva, die, wie Jennie, im Paradies alles hatten und dennoch von dem Baum der Erkenntnis aßen – nicht nur um Gottes Verbot zu brechen, sondern weil sie auf der Suche nach mehr als allem waren, und koste es das Leben.

Zum anderen begnügen sich die meisten, und besonders die neueren unter diesen Büchern nicht mit der Gestaltgebung innerpsychischer Realität. Sie zeigen Wege der Bewältigung und Lösung der dargestellten psychischen Konflikte auf. Es sei zum Beispiel an *In der Nachtküche* oder an *Zeraldas Riese* erinnert. Auch *Die Raupe Nimmersatt* kann zeigen, daß selbst solches Geschehen für den Menschen nicht nur etwas Einfaches und Natürliches bedeutet, sondern daß es mit der Bewußtwerdung darüber hinaus problematisiert wird. In diesem Sinne führt nicht die Darstellung über die Gestaltgebung zur Symbolbildung, sondern es sind Wege der Bewältigung der unbewußten Konflikte notwendig, damit das Symbol in der psychischen Bearbeitung entstehen kann und gleichwohl eine Entsymbolisierung in einem dialektischen Vorgang möglich bleibt.

IV. Zum Märchen

Insbesondere wenn wir die Geschichte des Märchens nachvollziehen, wie dieses in der Einführung geschah, ist es eine verwunderliche und letztlich unglaubwürdige Tatsache, daß das Märchen, das über viele Jahrtausende nur wenige grundsätzliche Veränderungen erfuhr und in allen Volksstämmen und Kulturen existiert, auch in unserer Zeit, die mit ihrer elektronischen Revolution alles auf den Kopf zu stellen scheint, immer noch als das eigentliche und wesentliche Kinderbuch bezeichnet werden muß. Dabei hat es nicht an anderslautenden Bekundungen und vielen klugen Erörterungen gefehlt, die das Märchen für tot erklärt und ihm jeden Sinn abgesprochen haben. Seine Wertschätzung verdankt das Märchen aber nicht nur seiner langen Geschichte oder der Klarheit und Eindeutigkeit, mit der es scheinbar endet – nämlich in Glück und Reichtum, einer Metapher, die es dem Prinzip Hoffnung entlehnt. Beinahe unmerklich folgt: Und wenn sie nicht gestorben sind, so leben sie heute noch. Meiner Meinung nach liegt der hauptsächliche Wert des Märchens in der Darstellung und Gestaltwerdung der Fragen des Lebens, die *keine* endgültige Antwort finden und die die Möglichkeit und die Rätselhaftigkeit zum Thema haben. Ich möchte noch einen Schritt weitergehen und behaupten, daß die ursprüngliche Bestimmung des Märchens darin besteht, der Widersinnigkeit und Verrücktheit der menschlichen Psyche, die auch derjenige Teil sind, der ihr schöpferisches Potential ausmacht, Ausdruck und Form zu verleihen.

Denken wir zum Beispiel an das Märchen *Die klugen Else*, die klug ist, weil sie Zwirn im Kopf hat, den Wind auf der Gasse laufen und die Fliegen husten hört. Mit ihrer Voraussicht: «Wenn ich den Hans kriege, und wir kriegen ein Kind, und das ist groß und soll Bier zapfen, so fällt ihm vielleicht die Kreuzhacke auf den Kopf und schlägts tot» überzeugt sie den Hans von ihrer Klugheit, und er nimmt sie zur Frau.

Kaum aber ist dies Wirklichkeit geworden, zeigt sich, welcher Irrsinn dem allen zugrunde liegt. Die Kluge weiß bald nicht mehr, wer sie ist und wo sie sich befindet. Sie verfällt in Depersonalisation und Derealisation (Stork, 1991, S.115-123) und ward nicht mehr gesehen.

Bettelheim (1977, S.17) hat eine konkretere und leichter zugängige Antwort auf die Frage nach der Bedeutung des Märchens, wenn er in seinem berühmten Buch *Kinder brauchen Märchen* schreibt: «Der Wachstumsprozeß im Märchen beginnt mit dem Widerstand gegen die Eltern und der Furcht vor dem Erwachsenwerden und endet dann, wenn der jugendliche Mensch sich selbst gefunden und psychologische Unabhängigkeit und moralische Reife erlangt hat und das andere Geschlecht nicht mehr als bedrohlich oder dämonisch empfindet, sondern fähig ist, in eine positive Beziehung zu ihm zu treten.» Wenn wir diesen Prozeß, den das Märchen durchschreitet, einer detaillierten Analyse unterziehen und die einzelnen Schritte, die zum glücklichen Ende führen und aus dem Tod nur eine Möglichkeit machen, nachvollziehen, wird es nötig, Bettelheims Erklärung in mancher Hinsicht neu zu überdenken und zu ergänzen. Meiner Meinung nach geht das agens movens nicht von der pädagogischen Übermittlung aus, sondern beruht in der Erschaffung der Phantasietätigkeit, deren schöpferische Freisetzung und Entwicklung den Kern des Märchens bilden.

Um mich in der Kürze leichter verständlich zu machen, werde ich mich auf die *Kinder- und Hausmärchen* der Gebrüder Grimm und auf Basiles *Pentamerone* beschränken. Die Auswahl der Märchen, auf die ich mich vornehmlich berufe, beschäftigt sich mit männlichen Helden. Bei den weiblichen Hauptpersonen stellt sich einiges anders dar, folgt jedoch einer ähnlichen Grundstruktur, die ich hier vernachlässigen muß. Besondere Erwähnung finden: *Märchen von einem, der auszog, das Fürchten zu lernen* (1), *Der treue Johannes* (2), *Der goldene Vogel* (3), *Die drei Federn* (4), *Die goldene Gans* (5), *Das Wasser des Lebens* (6), *Der Mistkäfer, die Maus und das Heimchen* (7). Um mir die Darstellung zu erleichtern und nicht jedesmal das betreffende Märchen zitieren zu müssen, werde ich mich im Text an die Ziffern halten, die den erwähnten Erzählungen zugeordnet sind.

Bei der Analyse der einzelnen Märchen werden wir schon in einem *ersten Schritt* die verwunderliche und befremdliche Entdeckung machen, daß die Hauptperson des Märchens zu Anfang und in der überwiegenden Zahl der Fälle kein Held, sondern eher ein Anti-Held ist und sich oft durch Dummheit oder sogar Verrücktsein auszeichnet. Es ist fast durchgängig der jüngste Sohn, dem der Vater nicht viel zutraut (3), der einfältig und dumm genannt wird, häufig den Namen Dümmling oder Dummling trägt (4, 5) und als solcher verspottet und verächtlich gemacht wird. Auch setzen ihn die Eltern in grober Art und Weise zurück (5) oder hindern ihn, Erfolg zu haben. In anderen Märchen ist die Hauptperson gewalttätig und ungemein grausam und schreckt vor verbrecherischen Taten nicht zurück (1). Ihr Verhalten läßt ohne weiteres an Symptome eines schwer antisozialen Jugendlichen denken. Andere Helden sind in völlige Abhängigkeit gegenüber idealisierten Mutterbildern verfallen, wie der treue Johannes (2) und Nardiello in Basiles Märchen (7), der sich bei Feen für viel Geld seines Vaters einen Mistkäfer, eine Maus und ein Heimchen kauft und den Unsinn nicht einmal merkt. Seine Realitätsverkennung und narzißtische Verspieltheit, in vielen Einzelheiten geschildert, kann ohne weiteres mit einer psychotischen Erkrankung in Zusammenhang gebracht werden.

Häufig geschieht diese erste Charakterisierung des Anti-Helden in Gegenüberstellung mit seinen zwei Brüdern (3, 4, 5, 6). Diese sind klug, lebenserfahren und werden als in jeder Hinsicht erfolgreich dargestellt. Die Eltern sind zufrieden mit ihnen, stolz auf sie, und sie haben ihre volle Unterstützung.

In einem *zweiten Schritt* wird dem Helden eine Aufgabe auferlegt. Sie kann schlicht in einer tagtäglichen Arbeit, wie zum Beispiel dem Holzhauen (5) oder dem Kälberkaufen (7) bestehen. Sie kann auch eine Prüfung sein, die die Intelligenz der Söhne unter Beweis stellen soll (4). Es kann auch darum gehen, einen goldenen Vogel zu erjagen (3) oder eine Frau zu erobern (2). Oder es soll das Leben des sterbenskranken Vaters mit dem Wasser des Lebens gerettet werden (6).

Fast immer besteht diese Aufgabe und Prüfung letztendlich im Erfüllen einer besonderen Leistung, die nur schwer oder sogar unmöglich erbracht werden kann. Dabei soll etwas Wertvolles und Herrliches errungen werden. Dieses gehört häufig einem anderen, muß somit weggenommen oder geraubt werden. Die Überschreitung des Verbotes spielt dabei eine nicht unwichtige Rolle. Auf diese Weise ist die zu bewältigende Aufgabe und Prüfung immer ein Abenteuer, das mit der Loslösung und Trennung vom Elternhaus zu tun hat. Damit läßt es an eine Initiation in das Erwachsenenleben denken, zumal es mit der Hochzeit endet, was für den Abschluß der Geschlechtsentwicklung steht. Dazu paßt nicht so recht, daß der Held des Märchens gerade nicht mit allen guten Voraussetzungen ausgestattet ist und nicht durch denjenigen verkörpert ist, dem die Lösung der Aufgabe zugetraut werden kann, sondern im Gegenteil geht der Anti-Held, der Probleme hat und dem keiner das Bestehen der Püfungen zutraut, erfolgreich aus den Prüfungen hervor.

Der *dritte Schritt*, mit dem die Erzählung des Märchens fortschreitet, ist eine höchst geheimnisvolle Angelegenheit. Er besteht in dem Auftreten eines Wesens von rätselhafter Art. Manchmal handelt es sich um eine Kröte (4) oder einen Fuchs (3), einen Zwerg (6), ein graues Männlein (5) oder auch eine Fee (7). Es kann auch ein treuer Diener (2) sein. Nur im treuen Johannes ist es eine Person, die von tragender Bedeutung ist. Sie wird in ein steinernes Denkmal verwandelt und erst durch einen Mord an den Kindern des Helden und durch grausame seelische Leiden wieder zum Leben erweckt (Stork 1991, S. 115-142).

Im Märchen hat dieses Wesen, das unvermittelt auftritt, etwas Dunkles und Geheimnisvolles, Häßliches und Abstoßendes. In der Regel aber ist es keine Person, ist nicht personifiziert, sondern es vollzieht eine wichtige Funktion, ohne die es kein Fortkommen gäbe und Bewegungslosigkeit einträte. In Anlehnung an ein Phantasiegebilde des schon erwähnten Patienten, der mit sechs bis sieben Jahren immer von einer «weiblichen Wesenheit» – so seine Bezeichnung – träumte, die ihn mahnte und ihm Angst machte, die er aber nicht zu sehen bekam, ziehe ich eine Verbindung zu meinen Ausführungen über die Mutter- und Vaterbilder (1991, S. 71-115) und zu dem Begriff des «Tertiums», den ich Mircea Eliades (1969) *Studien über die Sehnsucht nach den Ursprüngen* entnommen habe. Das Tertium bezeichnet ein Element, dessen Vorhandensein unerläßlich ist, damit die Dinge in Bewegung gehalten und vor dem Erstarren bewahrt werden. In besonderer Weise bleibt dabei erwähnenswert, daß dieses Wesen in einigen Fällen (2, 3) am Ende getötet wird, wodurch es der Verwünschung entkommt und ein Mensch wird.

Dieses Tertium ist das Gegenteil eines hochmütigen und von sich überzeugten Wesens. Diese Eigenschaften stehen in einem eklatanten Gegensatz zu den überirdischen und zauberhaften Kräften, über die es verfügt. Es besticht durch seinen Gleichmut, aber vor allem durch seine Menschlichkeit.

In vielen Märchen kommt diesem Wesen die zentrale Bedeutung insofern zu, als es den Anti-Helden zum Helden macht. Erst einmal jedoch kommt es in einem *vierten Schritt* zu einer schicksalhaften Begegnung des Anti-Helden mit diesem Wesen. Damit besteht das entscheidende Moment der Erzählung in der Möglichkeit der Begegnung mit einem Dritten, der als Kröte, Fuchs oder graues Männchen wie ein Ausgestoßener wirkt, und dies im doppelten Sinne des Wortes. Damit eine Begegnung überhaupt zustande kommt, ist Offenheit und Neugierde, aber auch Beweglichkeit und Empfindsamkeit Voraussetzung. Dazu gehört eine naive und herzliche Menschlichkeit, über die der Anti-Held verfügt. Demgegenüber, so will es scheinen, schafft der Dritte in vielfältiger Weise mit Hilfe überirdischer und zauberhafter Kräfte einen Zugang zur Lösung der gestellten Aufgabe. Er bringt den Durchblick, ermöglicht die Lösung des Rätsels und erschafft die Erfüllung der Aufgabe.

Bei näherer Betrachtung jedoch geht es weniger um Zauber und Wunder, die als Kennzeichen dieses Dritten angesehen werden können. Vielmehr geht es um die Fähigkeit, die das Phantasieren und Denken ermöglicht. Im eigentlichen Sinne läßt sich sogar behaupten, daß durch dieses Wesen die Phantasie- und Denktätigkeit eingeführt wird. So bringt es Erfahrung ein, die über Entdeckerfreude, Erfindungsgabe und Einfallskraft erworben sind – nichts mehr und nichts weniger. Bei diesem Vorgang bedient sich das Märchen einer ausgeklügelten Metaphernsprache, daher wird der geschilderte Tatbestand gerne übersehen. Für mich kann aber kein Zweifel darüber bestehen, daß es sich letztlich um die Einsicht in die Kenntnisse des Unbewußten in allen seinen Spielarten, Schattierungen und Wechselwirkungen handelt. Erst das Wissen über unbewußte Zusammenhänge macht den Anti-Helden zum Helden und vermittelt die Lösung und Auflösung des Rätsels.

Der *fünfte Schritt* nach der schicksalhaften Begegnung kennt die unterschiedlichsten Ausformungen, die zur Bewältigung der Aufgabe und Prüfung notwendig werden.

Beim treuen Johannes (2) ist dieses Wesen ein Diener, aber eigentlich ist es zugleich dessen Begegnung mit drei Raben, oder es sind überhaupt die Raben, die vorbeiziehen und deren Sprache er versteht. Er erfährt von ihnen von einem fuchsroten Pferd, das den Königssohn in die Lüfte davongetragen hat; von einem Brauthemd, welches ihn bis auf Mark und Knochen verbrennen soll, und von dem Plan der Vergiftung der Königin. Und es wird ihm übermittelt, wie er dies alles in letzter Minute vereiteln kann, dabei aber Gefahr läuft, in einen Stein verwandelt zu werden. Dieses Schicksal bleibt ihm nicht erspart, und nur durch die Tötung der Königskinder kann er wieder zum Leben erweckt werden so wie auch letztere ihr Leben mit dieser symbolischen Opferung wiedererhalten.

Hat in dem Märchen vom treuen Johannes das Grundthema, welches ich in den Vordergrund stelle, eine spezifische Bearbeitung erfahren, so tritt es in den folgenden Erzählungen eindeutiger hervor. Da bittet zum Beispiel in dem Märchen *Der goldene Vogel* (3) ein Fuchs den Helden, er möge ihn nicht erschießen, er wolle ihm dafür einen guten Rat geben. Die beiden ersten Söhne hatten den Fuchs für ein albernes Tier gehalten, das keine vernünftigen Ratschläge geben kann, und auf ihn geschossen, ohne ihn jedoch zu treffen. Der dumme dritte Sohn nimmt sich den Rat zu Herzen und gewinnt den Fuchs als Begleiter. Dazu läßt dieser ihn auf seinem Schwanz reiten – später wird dieser Schwanz ihn aus dem Brunnen retten – und verrät ihm aus der fantastischen Welt, in die er eintreten muß, alle Geheimnisse. Diese lassen ihn zuerst den goldenen Volgel, später das goldene Pferd und zuletzt die schöne Jungfrau gewinnen. Sein Eigensinn, der ihn den Rat des Fuchses nicht genau befolgen läßt, und auch seine eifersüchtigen Brüder, die ihn töten wollen, können ihm nichts antun, weil er den Schutz des listigen Fuchses genießt. Am Ende wird der Fuchs den Helden bitten, ihn zu töten, um ihn von dem Zauber, der auf ihm liegt, zu befreien und ihn auf diese Weise in einen Menschen zurückzuverwandeln.

In *den drei Federn* (4) werden drei Söhne von ihrem Vater aufgefordert, im Zusammenhang mit seiner Nachfolge den feinsten Teppich, den schönsten Ring und die schönste Frau zu bringen. Die Ältesten geben sich keine große Mühe, da sie überzeugt sind, sowieso zu gewinnen. Der Jüngste, der den Namen «Dummling» trägt, ist verwirrt und entdeckt in der Erde eine Tür und eine Treppe, die zu einer großen, dicken Kröte mit vielen kleinen Kröten führt. Die dicke Kröte fragt ihn und gibt ihm, was er sucht, zuletzt eine kleine Kröte, die sich in eine schöne Frau verwandelt. So findet auch hier eine Verwandlung statt.

Bei der *goldenen Gans* (5) besteht die Aufgabe der drei Söhne einzig darin, Holz zu hauen und einen Baum zu fällen. Die beiden ältesten Söhne, verwöhnt von Vater und Mutter, ziehen aus und treffen auf ein altes graues Männlein, das sie auffordert, ihre reiche Wegzehrung mit ihm zu teilen. Sie schlagen die Bitte aus. Der verachtete, verspottete und zurückgesetzte Jüngste hingegen, ebenfalls «Dummling» genannt, teilt die seine, obwohl sie äußerst karg ausgefallen ist. Das Männlein läßt ihn eine goldene Gans an der Wurzel eines Baumes finden, mit der er die verrücktesten Abenteuer erleben soll, weil alle, die sie begehren, an ihr festkleben. Schließlich bringt er eine traurige Königstochter zum Lachen. Der König will sie ihm aber nur zur Frau geben, wenn er einen Keller voller Wein austrinkt, einen Berg von Brot aufißt und ein Schiff herbeischaffen kann, das zu Wasser und zu Lande fahren kann. Das Männchen weiß für alles einen Rat. Der Jüngste erhält die Prinzessin zur Frau und erbt das Königreich.

In einem anderen Märchen hören drei Söhne von dem *Wasser des Lebens* (6), welches ihren sterbenskranken Vater wieder gesund machen kann. Keiner aber weiß, wo dieses kostbare Mittel zu suchen ist. Als den beiden ersten ein Zwerg begegnet und sie fragt: «Wohinaus so geschwind?», haben sie nur Hohn und Spott für ihn. Der dritte Sohn ist hingegen neugierig, was der Zwerg zu sagen hat, und erhält genaueste Botschaften, was und wie er es anstellen soll, um das Wasser des Lebens zu bekommen: «Es quillt aus einem Brunnen in dem Hofe eines verwünschten Schlosses; und damit du dazu gelangst, gebe ich dir da eine eiserne Rute und zwei Laiberchen Brot. Mit der Rute schlag dreimal an das eiserne Tor vor dem Schloß, so wird es aufspringen: inwendig werden dann zwei Löwen liegen und den Rachen aufsperren, wenn du ihnen aber das Brot hineinwirfst, wirst du sie stillen: und dann eile dich, und hol von dem Wasser des Lebens, eh es zwölf schlägt, sonst geht das Tor wieder zu, und du bist eingesperrt.»

Auch dieser befolgt die Ratschläge nicht vollkommen, da er eine schöne Jungfrau in dem Schloß erlöst und ihr die Ehe in einem Jahr verspricht, was ihn den Verlust einer Ferse kostet. Aber er gewinnt noch ein Schwert, um ein ganzes Heer zu schlagen, und einen Laib Brot, der nie alle wird. Zu allem Überfluß aber stehlen ihm seine Brüder all diese Schätze. Schließlich aber ist der Zwerg zur richtigen Zeit anwesend, und alles endet mit Hochzeit und in Glückseligkeit.

Bei Basiles Märchen *Der Mistkäfer, die Maus und das Heimchen* ist alles ein wenig anders. Dennoch: Nardiello erlangt und erwirbt über eine Fee seltsame Tiere, deren Nutzen völlig uneinsichtig erscheinen, und handelt sich damit den Zorn und den Rausschmiß vom Vater ein. Es sind ein Mistkäfer, der wie eine Gitarre schallt, eine Maus, die schönste Tanzfiguren macht, und eine Grille, die in den süßesten Schlummer singt. Aber gerade diese Tierchen werden zu seinen Begleitern, die ihm helfen, die schwierigsten Lebenslagen zu bestehen. Schließlich erhält er die Tochter eines vornehmen Herrn zur Frau, weil er ihr mit seinen drei Gefährten, dem Mistkäfer, der Maus und dem Heimchen, ihren großen Trübsinn vertreiben kann.

Der *sechste Schritt* des Märchens stellt die Erfüllung dar, die in der Hochzeit und im Reichtum gesehen wird, was allen Kindern eine schöne Beruhigung bringt. Dieses glückliche Ende klingt stereotyp und einseitig, stellt jedoch eine Metapher von großer Tragweite dar. Sie ist so überwältigend, daß wir kaum merken, wie dem sechsten ein *siebenter Schritt* folgt. Die Sieben, die Zahl der Vollständigkeit, mit der die Woche endet, hat einen festen Platz im Märchen und im Volksbrauchtum. Denken wir nur an die sieben Brüder, die sieben Raben oder die sieben Geißlein. Hier bezieht sich der letzte Schritt auf die Vollendung, die den Tod bedeutet: Und wenn sie nicht gestorben sind, so leben sie heute noch.

Mit dieser Betrachtungsweise ähnelt der zweite Kinderbuchtyp in vieler Hinsicht dem Märchen. Letzteres ist eigentlich sein Vorbild. Beide berichten von äußeren Erscheinungen und Realitäten, beziehen sich aber in seiner wesentlichen Aussage auf innerpsychische Vorgänge. In dem Sinne sind auch die sieben Schritte zu verstehen, die das Märchen in seinen ausgeprägten Formen vollzieht.

Ohne mich hier erschöpfend zu diesem gewichtigen Thema äußern zu können und mich auf das zentrale Geschehen beschränkend, läßt sich kurz ausführen:

Der Held des Märchens, ein Anti-Held, kommt aus der Unbeweglichkeit und Dummheit, aus dem Verrückt- und Ausgestoßensein. Er, der keine Wertschätzung kennt, besitzt jedoch die Fähigkeit zur Begegnung mit einem Dritten, einem Wesen, das ihm die Augen öffnen wird und das er nicht selten später aus einer Verwünschung befreit. Die Begegnung steht gleichwohl für die Entdeckung der Phantasie, die, nicht mehr mit dem Objekt verklebt, von der Realität unterschieden werden kann, und für den Zugang zur Metapher, die das Geschehen auf das Wesentliche zu verdichten vermag. Beide erschaffen in ihrer unendlichen Vielseitigkeit die Überwindung der psychischen Bewegungslosigkeit, die letzten Endes die psychische Krankheit bedeutet.

Aus einer solchen Sicht der Dinge, wie ich sie zu entwerfen versucht habe, bedeutet der Prozeß, den das Märchen durchschreitet, nur vordergründig einen Wachstumsprozeß oder bedient sich einer solchen Analogie. Mir scheint es naheliegender und schlüssiger, das unbewußte Geschehen im Märchen mit dem Vorgang und Ablauf eines psychoanalytischen Prozesses zu vergleichen, der aus der Konflikthaftigkeit und Unbeweglichkeit über die Begegnung mit dem Dritten – dem «cogito ergo sum» – das Individuum aus der Verklebung und Verstrickung mit den primären Objekten herausführt. Dieser Umstand könnte die Tatsache zu erklären helfen, warum Erwachsene oft mindestens ebenso begeistert Märchen lesen wie Kinder.

V. Schlußbemerkung

Am Anfang dieses Diskurses über Kinderbuch und Märchen, der ein Versuch der Orientierung sein will, stand Erich Kästners Aufforderung: «Laßt euch die Kindheit nicht austreiben!» Es folgte seine denkwürdige Feststellung: «Nur wer erwachsen wird und ein Kind bleibt, ist ein

Mensch.» Was bei aller Vieldeutigkeit damit gemeint ist, hatte ich mit Hilfe von Winnicotts Zitat zu präzisieren versucht und beschrieben als das, was es uns ermöglicht, in Berührung mit unseren primitiven Selbstanteilen zu bleiben, als etwas, wovon sich die heftigsten Gefühlsregungen und schrecklich akute Empfindungen herleiten.

Damit ist die Rede von nichts Geringerem als der Fähigkeit des Menschen zu Phantasie und Phantasmatisation. Sie bedeuten den tiefsten Grund unserer Lebendigkeit und Empfindsamkeit, machen unsere Kreativität aus und sind auf das engste mit der psychischen Krankheit verbunden. In welcher unauflösbaren Weise die Phantasien (als Urphantasien und unbewußte Phantasien) eine ursprüngliche Beziehung zum Unbewußten haben und dem Irrationalen der menschlichen Existenz angehören, stellt nicht das eigentliche Thema meiner Ausführungen dar, aber es ist zweifellos entscheidend für ein tieferes Verständnis jeglicher Phantasietätigkeit.

Kinderbuch und Märchen sind Produkte dieser Phantasietätigkeit. Sie sind darüber hinaus Versuche, in Darstellung und Gestaltung dem Inhalt unserer Phantasiewelt eine Form zu geben. Diese Formgebung in Bild und Wort stellt aber obendrein eine Symbolschöpfung dar. Sie schafft – wie es F. Jacob (1970, S. 340)[6] ausdrückt – die Fähigkeit, sich von der Verklebung mit den Objekten zu befreien, eine Art Filter zwischen Organismus und Umgebung zwischenzuschalten, und sie ermöglicht es, zu symbolisieren. Auf diesem Wege machen Kinderbuch und Märchen zweierlei grundsätzliche Errungenschaften möglich: nämlich eine erste Gestaltwerdung der Phantasieinhalte, die schon recht komplexer Natur sein kann, und zudem die Voraussetzung zur Entfaltung der Gegenbesetzung, des Kontrapunktes und Gegenparts, der die Symbolbildung hervorbringt.

Bei der Auseinandersetzung mit dem Thema dieser Arbeit ließ sich zeigen, daß die Kinder- und Bilderbücher in zwei deutlich voneinander unterschiedene Typen eingeteilt werden können, die in einem Gegensatzverhältnis zueinander stehen. Im wesentlichen betonen die einen die Gemeinsamkeiten im Allgemeinen und Besonderen, orientieren sich an Werten und Tugenden und streben eine größtmögliche Harmonie an. Mit einer solchen Darstellungsweise kann ein beinahe konfliktfreies Leben und eine übermächtige Idealisierung der Welt, kann Verniedlichung und Schönmalerei entstehen, die einer Verkennung und

---

6   Die deutsche Übersetzung mit dem Titel *Die Logik des Lebendigen* (Fischer 1972, S. 338) ist an dieser Stelle ungenau, weil sie: «se libérer de l'adhérence aux objets» einzig mit: «sich von den Objekten zu lösen» übersetzt.

Verleugnung der Wirklichkeit Vorschub leisten, sie in extremen Fällen sogar heraufbeschwören. Dieser Vorgang mag an das denken lassen, was Freud (1920 u. 1924, S. 373) als das «Nirwanaprinzip» bezeichnet hat, welches die Tendenz des Todestriebes ausdrückt und in unserem Verständnis die Vorherrschaft der primären Identifizierung bedeutet.

Die anderen Bilderbücher greifen Themen auf, in deren Mittelpunkt so gut wie ausschließlich die Aktivität des Individuums steht. Dabei geht es einerseits um äußere Aktivitäten und Aktionen, die in der Realität spielen. Der Schwerpunkt jedoch führt hin oder liegt auf der innerpsychischen Realität. Hiermit rückt die personale Gestaltwerdung, die Kreativität in allen ihren Ausdrucksformen und das Individuum mit seinen Eigenheiten und Eigenwilligkeiten in den Mittelpunkt des Geschehens. Hat der erste Typus mit der Darstellung des gemeinsamen Glücks zu tun, so kennt der zweite das personale Glück, welches nicht geschenkt, sondern errungen und erkämpft werden will. Zu ihm gehört die Freude am Ungehorsam und die Lust am Verbotenen ebenso wie die Faszination der Grandiosität und die Unersättlichkeit, die nur ein letztes Motto kennt, oft verbunden mit dem unbarmherzigen Streben: «Es muß im Leben mehr als alles geben» (M. Sendak) – ein Thema, welches schon Adam und Eva den Verlust des Paradieses gekostet hat. Wenn der erste Kinderbuchtyp durch die Vorherrschaft der primären Identifizierung gekennzeichnet ist, so spielt im zweiten der Drang zur Individuation die alles bestimmende Rolle.

Dies macht deutlich, in welchem Gegensatz – der durchaus unversöhnliche Formen annehmen kann – die beiden Kinderbuchtypen zueinander stehen. Dennoch kann keiner der beiden Ausschließlichkeit für sich beanspruchen. Nach meiner Einschätzung gehören beide zu einem dialektischen Gegensatzsystem, das das Moment des Lebens in seiner liebenswürdigen Normalität und Gewöhnlichkeit mit der egozentrischen Bewegung der Eigenart und Eigenheit des Individuums verbindet, welche im Künstlerischen ihren letzten Ausdruck erfährt.

Diesen Ausführungen muß hinzugefügt werden, daß das Kinderbuch in der zweiten Hälfte dieses Jahrhunderts einen grundsätzlichen Wandel erfahren hat, der in der Entwicklung des zweiten Kinderbuchtyps besteht. Daß diese Errungenschaft auf die Entdeckung und den Einfluß von Psychoanalyse und moderner Kunst zurückgeht, ist evident, auch wenn dieser Umstand in der Literatur kaum Erwähnung findet. Ich habe in einer Arbeit (1997) *Gedanken über die Gemeinsamkeiten von moderner Kunst und Psychoanalyse* mit dem Untertitel «Irrationalität und neue Innerlichkeit» über diese Zusammenhänge zu schreiben versucht.

Außerdem darf nicht vergessen werden, daß der zweite Kinderbuchtyp in vieler Hinsicht dem Märchen verwandt ist, auch wenn einige Unterschiede bestehen. Die Vermutung liegt nahe, daß das Märchen vorher diesen Platz eingenommen hat. Nicht zuletzt ist dieser Umstand einer der Gründe, warum die Auseinandersetzung mit dem Märchen zu jeder Diskussion über Kinderbücher gehört.

Am Ende dieses Diskurses über Kinderbücher und Märchen stoße ich, die Ausführungen zusammenfassend, auf die Vorstellung von einem Spannungsfeld in der Art eines Gegensatzverhältnisses. Es stellt sich auf phänomenologischer Ebene als in seinen Extremen durch Harmonie und Disharmonie gekennzeichnet dar. Aus psychoanalytischer Sicht kann man diese Gegenüberstellung und diese Gegensätze als ein System im Sinne eines urspünglichen oder Urkonfliktes zwischen der primären Identifizierung und der Individuation verstehen, welche die Grundlage und Dynamik der menschlichen Existenz bilden. Ich habe meine Überlegungen darüber an anderer Stelle und zuletzt unter dem Titel *Primat der Individuation* (1998) darzulegen versucht.

Diese Grundthematik legt es nahe, auf einen ursprünglichen Konflikt zu verweisen, den ich (1991, S. 191-220) zwischen der primären Indentifizierung und der Individuation beschrieben habe. Sie besagt, daß sich das menschliche Leben mit einem zentralen Streben nach Eigenart und Eigenheit, nach Verwirklichung der eigenen Existenz und Entfaltung der Persönlichkeit vollzieht. Dabei besteht der Kern des Phänomens in der Notwendigkeit, ein Individuum und etwas Individuelles zu sein. Dies besagt, sich einzeln und originell, sich unverwechselbar und unersetzbar zu erleben, sich von dem Anderen zu unterscheiden, eine eigene Meinung zu haben, andere Dinge zu lieben oder zu hassen, gehört und ernst genommen zu werden.

Auf seiner Kehrseite bleibt der Wunsch nach Individuation ohne die Bewegung unverständlich, in die er wie eingebettet ist. In diesem Sinne ist er nicht denkbar ohne eine Kraft, die ihm diametral entgegensteht und gegen die jede Individuation sich durchzusetzen und zu verwirklichen hat. Ich meine, daß dieser Umstand dazu Anlaß gibt, hierin einen ursprünglichen Konflikt der menschlichen Psyche zu sehen. Diese Kraft oder vielmehr Gegenkraft läßt sich einerseits in der Umwelt lokalisieren und tritt uns entgegen als die Selbstverständlichkeiten einer Gesellschaft oder als das Bestehende und Überkommene einer Tradition und Kultur, die sich einem Widersacher gleich dem individuellen Entwurf entgegenstellt und sich damit neuen Denkweisen, die zumeist als die Ordnung zerstörend und als chaotisch erlebt werden, widersetzt.

Individuation versus soziales Eingebettheit

Ziel: möglichst hohe Individualität eingebettet in den allgemein herrschenden sozialen Kontext

Andererseits ist diese Gegenkraft schon mit Beginn des Lebens als eine der Individuation gegensätzliche Bestrebung vorhanden und stützt sich auf die frühen Identifizierungen mit den ersten Liebesobjekten, durch welche sie erst Gestalt und Inhalt annimmt. Letzten Endes handelt es sich aber um eine ursprünglich innerpsychische Strebung, eine Gegenkraft zur Individuation, die zu unbedingter Einheit und absoluter Harmonie drängt und die das All und das Allgemeine zum Wertmaßstab aller Dinge erhebt. Die Verwirklichung dieser Verlockungen, denn nur um solche handelt es sich, geht mit dem erklärten Ziel der Auslöschung der Individuation einher. Diese Ausführungen würden nahelegen, daß der aufgezeigte ursprüngliche Konflikt im psychischen Geschehen letztlich in der Auseinandersetzung zwischen den Bestrebungen der Individuation mit denjenigen des primären Narzißmus besteht. Erst im Zusammenspiel von beiden würden sich die verschiedenen Lebensformen herauskristallisieren und würde eine Verarbeitung der Aggressivität und der Schuldgefühle erfolgen.

Dies scheint jedoch nur die halbe Wahrheit insofern, als für den primären Narzißmus die frühen Identifizierungen als Mittler ins Spiel kommen, d. h. letzterer nur über ein Beziehungsgeflecht existent wird. Mir scheint in diesem Zusammenhang die Frage berechtigt, ob der primäre Narzißmus überhaupt außerhalb einer Bindung an ein Objekt erlebbar ist. Oder anders gefragt, ob das psychische Geschehen, welches wir mit dem Begriff des primären Narzißmus bezeichnen, völlig losgelöst von der Identifizierung mit einer archaischen und idealisierten Mutter-Imago in unserem psychischen Apparat existent werden kann oder eigentlich ein Abstraktionsprodukt unseres Denkens darstellt. Diese Überlegungen besagen, daß der ursprüngliche Konflikt, von dem hier die Rede ist, auf der Ebene der Beziehungen sich zwischen Individuation und Identifizierung ereignet und somit unauflösbar verknüpft ist mit Aggression und Schuldgefühlen gegenüber den primären Liebesobjekten – vornehmlich gegenüber der archaischen Mutter-Imago, die man als eine Hohepriesterin der absoluten Harmonie bezeichnen könnte. Erst die Verneinung der verheißungsvollen Harmonie als entscheidendes Element kann der Kraft der Individuation Existenz geben, eine Perspektive in die Zukunft eröffnen und einen Zugang zum Prinzip Hoffnung ermöglichen. Daß bei diesem Geschehen der Möglichkeit der Wiedergutmachung von begangener Aggression und Schuld der Platz eines wegweisenden Momentes zukommt, kann uns die Kunst, als Paradigma der Bewegung der Individuation verstanden, in vielfältiger Weise vor Augen führen.

Abschließend läßt sich die Hypothese formulieren, daß die Phantasietätigkeit und die Kreativität des Menschen abhängen von der Dynamik eben dieses Gegensatzverhältnisses, und daß es dieser Urkonflikt ist, der den Einfallsreichtum des Menschen hervorbringt.

So mag es kein Zufall sein, wenn die Märchen einerseits in Reichtum, andererseits mit der Hochzeit enden.

(Anschrift d. Verf.: Prof. Dr. med. Dr. phil. Jochen Stork, Poliklinik für Kinder- und Jugendpsychotherapie der Technischen Universität München, Biedersteiner Str. 29, 80802 München)

Zusammenfassung: Die vorliegende Arbeit beabsichtigt, die bekanntesten und beliebtesten Kinder- und Bilderbücher sowie deren Verhältnis zum Märchen einer psychoanalytischen Reflexion zu unterziehen und damit das Verständnis kindlicher Phantasiebildung und -tätigkeit zu vertiefen. Im Zentrum der Betrachtung steht die inhaltliche Analyse der erzählten Geschichten. Davon ausgehend entwickelt der Autor zwei grundsätzlich verschiedene Kinderbuchtypen. Diesen entsprechen die dialektisch aufeinander bezogenen Vorstellungswelten des Kindes und des Erwachsenen ebenso wie das Spannungsfeld zwischen Harmonie und Individuation, innerhalb dessen sich die elementare psychische Entwicklung vollzieht.
Schlüsselbegriffe: Kinderbuch – Märchen – Phantasiebildung – Individuation

Summary

The following work is a psychoanalytic study between the best known and popular children's books, and their relationship to fairy-tales, with the intention to make possible a deeper understanding of how children's fantasies function and develop.

Focusing the analysis of the stories' contents, the author develops two different types of children's books which correspond to both the child's and the adult's imaginative worlds, as well as to the contrast between harmony and individuation where psychic development takes place.
Keywords: Children's books – fairy-tales – fantasies function – individuation

Résumé

La présente étude vise à soumettre les livres d'images pour enfants les plus connus et les plus aimés, ainsi que leur rapport avec les contes, à une réflexion psychoanalytique, afin de mieux comprendre le cours de l'imagination et le développement de l'activité fantaisiste d'un enfant. Au centre de l'observation, l'analyse du contenu des histoires racontées. C'est ainsi que l'auteur développe deux genres différents de livres d'enfants. Ceux-ci correspondent à la façon de voir le monde de l'enfant et de l'adulte, qui s'harmonise par la dialectique, et également au champ de tension entre l'harmonie et l'individuation, à l'intérier duquel le développement psychique élémentaire s'accomplit.

Mots-clés: Livre d'enfant – contes – imagination – individuation

Liste der besprochenen Bilderbücher:

Auer, M., Klages, S. (1988): Bimbo und sein Vogel. Beltz-Verlag, Weinheim.

Baumann, K., Eidrigevicius, S. (1993): Der Sterngrauch Nimmersatt. Nord-Süd-Verlag, Gossau, Zürich und Hamburg.

Baumgarten, F., Hahn, L. (1954): Teddys Schulgang. Titania-Verlag, Stuttgart.

Bergström, G. (1974): Gute Nacht, Willi Wiberg. Oetinger, Hamburg.

Beskow, E. (1974): Hänschen im Blaubeerwald. Loewes-Verlag, Bayreuth.

de Brunhoff, J. (1976): Die Geschichte von Babar. Diogenes, Zürich.

Buchholz, Q. (1993): Schlaf gut, kleiner Bär. Sauerländer, Aarau, Frankfurt/M und Salzburg.

Busch, W. (1990): Max und Moritz. Diogenes, Zürich.

Carle, E. (1969): Die kleine Raupe Nimmersatt. Gerstenberg-Verlag, Hildesheim.

Dayre, V., Erlbruch, W. (1996): Die Menschenfresserin. Hammer, Wuppertal.

Ende, M., Fuchshuber, A. (1978): Das Traumfresserchen. Thienemann-Verlag, Stuttgart.

Fatio, L., Duvoisin, R. (1997): Mein Freund, der Glückliche Löwe. Herder, Freiburg, Wien.

Firth, B., Waddell, M. (1989): Kannst du nicht schlafen, kleiner Bär? Betz, Wien, München.

Hoban, R. (1963): Fränzi geht schlafen. Sauerländer, Aarau und Frankfurt/M.

Hoffmann, H. (1977): Der Struwwelpeter oder Lustige Geschichten und drollige Bilder. Diogenes, Zürich.

Koch-Gotha, F. (1964): Die Häschenschule. Hahn, Hamburg.

McBratney, S., Jeram, A. (1994): Weißt du eigentlich, wie lieb ich dich hab? Sauerländer, Aarau, Frankfurt/M und Salzburg.

v. Olfers, S. (1990): Etwas von den Wurzelkindern. ars edition, Zug, Schweiz.

Pfister, M. (1992): Der Regenbogenfisch. Nord-Süd-Verlag, Gossau, Zürich, Hamburg.

Sendak, M. (1971): Hektor Protektor und Als ich über den Ozean kam. Diogenes, Zürich.

Sendak, M. (1969): Higgelti piggelti pop! Oder: Es muß im Leben mehr als alles geben. Diogenes, Zürich.

Sendak, M. (1967): Wo die wilden Kerle wohnen. Diogenes, Zürich.

Sendak, M. (1971): In der Nachtküche. Diogenes, Zürich.

Ungerer, T. (1970): Zeraldas Riese. Diogenes, Zürich.

Ungerer, T. (1974): Kein Kuß für Mutter. Diogenes, Zürich.

Literatur:

Basile, G.B. (1982): Italienische Märchen: der Pentamerone des Giambattista Basile. (Dt. von F. Liebrecht) Insel, Frankfurt/M.

Bechstein, L. (1985): Sämtliche Märchen. Winkler, München.

Bettelheim, B. (1977): Kinder brauchen Märchen. DVA, Stuttgart.

Brednich, R.W. (Hg.) (1977): Enzyklopädie des Märchens. De Gruyter, Berlin (u. a.).

Diatkine, R. (1985): Devenir adolescent, rester adolescent. In: Ders. (1985): Adolescence terminée adolescence interminable. PUF, Paris.

Doderer, K. (Hg.) (1984): Lexikon der Kinder- und Jugendliteratur. Beltz, Weinheim, Basel.

Eliade, M. (1969): Die Sehnsucht nach dem Ursprung. Suhrkamp, Frankfurt/M (1976).

Erzählungen aus den Tausendundein Nächten, Die. Dt. von E. Littmann. Insel, Frankfurt/M (1981).

Freud, S. (1905): Drei Abhandlungen zur Sexualtheorie. In: Gesammelte Werke, Bd. V. S.Fischer, Frankfurt/M (1972).

Freud, S. (1912): Totem und Tabu. In: Gesammelte Werke, Bd. IX. S. Fischer, Frankfurt/M (1973).

Freud, S. (1914): Zur Einführung des Narzißmus. In: Gesammelte Werke, Bd. X. S. Fischer, Frankfurt/M (1973).

Freud, S. (1920): Jenseits des Lustprinzips. In: Gesammelte Werke, Bd. XIII. S.Fischer, Frankfurt/M (1976).

Freud, S. (1924): Das ökonomische Problem des Masochismus. In: Gesammelte Werke, Bd. XIII. S.Fischer, Frankfurt/M (1976).

Gmelin, O. F. (1977): Böses aus Kinderbüchern und ein roter Elefant. Haag und Herchen, Frankfurt/M.

Goethe, J.W.v. (1795): Das Märchen. Verl. Freies Geistesleben, Stuttgart (1989).

Goethe, J.W.v. (1949): Faust. Zweiter Teil. Wegener, Hamburg.

Grimm, J., Grimm, W. (1812/1814): Kinder- und Hausmärchen. Winkler, München (1977).

Grunberger, B. (1971): Vom Narzißmus zum Objekt. Suhrkamp, Frankfurt/M (1976).

Halbey, H.A. (1968): Das Bilderbuch in Deutschland. In: Baumgärtner, A.C. (Hg.): Aspekte der gemalten Welt. Beltz, Weinheim.

Halbey, H.A. (1997): Bilderbuch: Literatur. Beltz Athenäum, Weinheim.

Jacob, F. (1970): La logique du vivant. Gallimard, Paris.

Jacob, F. (1972): Die Logik des Lebendigen. Fischer, Frankfurt/M.

Kastner, E. (1952): Die kleine Freiheit. Chansons und Prosa von 1949-1952. dtv, München (1989).

Karlinger, F. (1973): Das Feigenkörbchen. E. Röth, Kassel.

Lanes, S. G. (1980): The Art of Maurice Sendak. Abrams, New York.

Lange, G. (1987): «Higgelti Piggelti Pop! Oder: Es muß im Leben mehr als alles geben» – ein religionspädagogischer Zugang. In: Tabbert R. (Hg.): Maurice Sendak: Bilderbuchkünstler. Bouvier, Bonn.

Mann, Th. (1922): Tonio Kröger. In: Ders. (1978): Tonio Kröger. Mario und der Zauberer. S.Fischer, Frankfurt/M.

Mutter Gans oder die alten Ammenreime. Dt. von E. Borchers, mit Bildern von K. Greenaway. Insel, Frankfurt/M (1973).

v. Ranke-Graves, R. (1990): Griechische Mythologie. Rowohlt, Reinbek bei Hamburg.

Scherf, W. (1987): Fantasma und Dramaturgie. Sauer, München.

Scherf, W. (1995): Das Märchenlexikon. Beck, München.

Schlote, W. (1979): Forderungen an ein künftiges Kinder- und Jugendbuch. In: Gorschenek, M., Rucktäschel, A. (Hg.): Kinder- und Jugendliteratur. Fink, München.

Stork, J. (1991): Wege der Individuation. Verl. Internationale Psychoanalyse, Weinheim.

Stork, J., Schlarb-Gollart, G. (1994): Noëlle – Ein zweijähriges autistisches Mädchen. In: Kinderanalyse, 2, 4, 467-476.

Stork, J., Schlarb-Gollart, G. (1995): Noëlle – Ein autistisches Mädchen und die Zahlensymbolik. In: Kinderanalyse, 3, 1, 41-51.

Stork, J. (1997): Gedanken über die Gemeinsamkeiten von moderner Kunst und Psychoanalyse. In: Jahrbuch der Psychoanalyse, Bd. 39. Frommann-Holzboog, Stuttgart-Bad Cannstatt.

Stork, J. (1998): Le primat de l'individuation. PUF, Paris.

Winnicott, D.W. (1945): Die primitive Gefühlsentwicklung. In: Ders. (1988): Von der Kinderheilkunde zur Psychoanalyse. Fischer, Frankfurt/M.

Winnicott, D.W. (1950, 1954 und 1955): Die Beziehung zwischen Aggression und Gefühlsentwicklung. In: Ders. (1988): Von der Kinderheilkunde zur Psychoanalyse. S. Fischer, Frankfurt/M.

Kurzbericht

CARMEN WENK-REICH

Märchen in der Behandlung eines jungen Mädchens

Für meine beste Freundin L.[1]

Wie war das mit Deinem «Märchen»?
Mit Hexen, Feen und Liebespärchen?
Es wurde mir gesagt es sei nur 'ne Geschicht,
«Kind hör zu, die gibt es nicht!»
Geglaubt hab ich an diese Figuren,
hinterließen breite Hoffnungsspuren.
Dachte, wenn ich meine Traumfee rief,
sie mir Rat und Hilfe gab in einem Brief.
Sollte dies nur alles Lüge sein?
Wo sollt ich dann hin mit all der Pein,
die ich anvertraute meiner Lieblingsfee.
Es ergoß sich ein tiefer Tränensee.
Enttäuscht und betrogen von dieser Erde,
lief ich zu einer Jungschafherde.
Ein altes Schaf sprach zu meiner Gestalt:
«Deine Augen sind so klar und kalt,
du bist sehr traurig, ich sehs dir an,
ich weiß wie ich Dir helfen kann!
Geh an den Fluß zum hohlen Baum!»
Ich rannte nach unten und glaubte es kaum,
ein Schaf sprach wirklich nur zu mir,
ich sah etwas blinken, recht hatte das Tier.
Es war eine Truhe, ich machte sie auf,
die Gefahr des Waldes nahm ich in Kauf.
Enthalten war ein Pergamentpapier,
sollt ich es lesen? Und dann noch hier?
ich hatte allen Mut genommen
und die Geschicht zu lesen begonnen…

Es war einmal…, so fangen alle Märchen an,
so auch hier, soweit man von einem sprechen kann.
… ein hübsches, aufgewecktes, oft trauriges Mädchen,
welches lebte mit Eltern und Freunden in einem Städtchen.
Ihr Glückspuzzle wäre voll komplett,
wenn sie nur das letzte Teilchen hätt!

---

[1] Das Schriftbild wurde vom Original übernommen

So hatte sie viel Kummer und viel Schmerz,
in Ihrem liebevollen Herz!
Es war so riesig und hatte viel Platz,
für Freunde, Familie und einen Schatz,
welcher erst aus der Tiefe gehoben werden sollte,
das Mädchen dies aber zu schnell schon wollte.
Der Schatz am Grunde war angekettet,
und die Kleine wollte ihn retten,
doch mit aller Gewalt und Toben,
blieb liegen der Schatz am Meeresboden.
Die Hübsche wars nun noch viel mehr,
wünschte sich doch nichts so sehr,
als mit ihrem Schatz die Liebe zu leben,
und ihm alles das zu geben,
was sie sich wünscht, von ihm zu haben,
reden, lachen, am Spieße sich laben.
Doch durch diese Traurigkeit,
verlor sie schnell die Heiterkeit.
Vorher hatte sie doch so viel Spaß,
was sie durch den ungeborgenen Schatz vollkommen vergaß.
Nachdem sie die Hoffnung schon aufgegeben,
sie sollte ein aufregendes Wunder erleben.
Der Sturm, der hatte in der Nacht,
den Schatz von den Ketten losgemacht.
So nahm das Mädchen den Schatz mit in ihr Heim,
wo sie jetzt lebt nach langer Pein,
glücklich und wirklich zufrieden,
mit Freunden, Familie und all ihren Lieben.

Nachdem die Geschichte zu Ende war,
wurde mir vieles auf einmal sonnenklar.
Hab lang über dies Märchen nachgedacht,
und es hat mich auf eine Idee gebracht:
Gib deine Träume niemals auf,
Enttäuschung und Schmerz nimm dafür in Kauf,
du wirst belohnt für all dein Leiden,
glauben mußt du deinem Herz und nicht den beiden.
Deinen Schatz am Grund zu finden ist zwar unwahrscheinlich,
doch sei in deiner Auswahl nur nicht so kleinlich.
Er soll zu dir passen und dich auch lieben,
damit du nicht mehr mußt so depri schieben.
Ich hab auch gedacht: ein sprechendes Schaf das gibt es nicht,
doch wurd ich eines Besseren belehrt in der Geschicht.
Du mußt immer auf den Spaß achtgeben,
denn manche Leute wolln ihn dir nehmen.

Doch bewahrst du ihn ganz tief im Herz,
so kannst du leichter ertragen manchen Schmerz.
Leb jeden Tag als wärs der Letzt,
denkst du bist dem Glück nur hinterher gehetzt.
Doch freu dich im Leben auch an den kleinen Dingen,
dann wird dir das Leben viele freud'ge Stunden bringen.
So, und dies war meine Lehr aus dem Gedicht,
ich rannte schnell heim und erzählte die Geschicht.
Zwar hieß es wieder: die gibt es nicht,
doch diesmal nicht wieder eine Welt zusammenbricht.
Durch das Lamm ich es ganz sicher weiß,
denkt man realistisch dreht das Leben sich im Kreis,
vertraut man auf das freudgefüllte Herz,
so ist nur halb so schlimm der (Liebes)Schmerz!

Für A.

Wie könnte man diese Geschichte wohl anfangen? Vielleicht so wie alle Märchen anfangen? Also, es war einmal ein kleines Mädchen. Sie war lieblich und sehr hübsch. Wo sie auch hinkam, jeder hatte sie sofort gern. Sie war sehr aufgeweckt und man sah ihr sofort an, daß sie am Leben viel Freude hatte.

Viele junge Männer warben um sie, doch keiner von diesen interessierte das Mädchen. Aber eines Tages geschah es, daß sie bei einem Tanzfest einen lieben Jungen kennenlernte. Der Junge war sichtlich von dem Mädchen angetan und auch bei ihr sah man schon Liebesherzchen zum Himmel steigen. Beide verließen das Fest als Liebespaar und verlebten fortan eine glückliche Zeit. Sie unternahmen sehr viel zusammen. Entweder sie trafen sich zusammen mit ihren Freunden oder genossen zu zweit ihr kleines Glück.

Diese Geschichte könnte jetzt mit einem «Und sie lebten glücklich und zufrieden bis an ihr Lebensende!» schließen, wenn es da nicht ein kleines Problem gegeben hätte.

Das Mädchen hatte wie gesagt viel Freude am Leben und war sehr aufgeweckt. Sie genoß jedes Fest und war oft der Mittelpunkt dabei, das kam wohl auch daher, daß sie mit jedem leicht ins Gespräch kam. Das änderte sich natürlich auch nicht, als sie jetzt mit diesem eben besagten Jüngling zusammen war. Er liebte das Mädchen jedenfalls von ganzem Herzen und wollte sie nicht verlieren. Er hatte sehr viel Angst, daß sie sich von ihm abwenden würde, da sie ja noch bei dem Rest der Männerwelt sehr begehrt war. Deswegen reagierte er oft mit Eifersucht, wenn das Mädchen mit anderen Jungen sprach oder lachte. Doch es wäre vielleicht gar nicht so schlimm gewesen, wenn das junge Mädchen sich nicht die Frage gestellt hätte, ob sie den Jungen wirklich liebte. Für den Jungen war das gar keine Frage. Er hätte alles für das Mädchen getan. Er sprach auch des öfteren von einer gemeinsamen

Zukunft und sogar von Heirat. Doch bei diesen Worten erschrak das Mädchen. Sie wollte noch gar nicht so weit in die Zukunft schauen, und sie stellte sich immer öfter die Frage, ob es nicht schöner wäre, frei zu sein und wenn sie nicht mehr so viel Rücksicht auf den Jungen nehmen müßte. Doch sie konnte diese Frage nie klar beantworten. Denn einerseits hatte sie viele schöne Stunden mit dem Jungen verbracht, doch auf der anderen Seite war sie seiner manchmal leid. Sie mußte immer genau aufpassen, daß sie ihm genug Zeit und Aufmerksamkeit widmete. Und da sie darauf immer achten mußte und nie von selbst das Bedürfnis verspürte, nur bei ihm zu sein, lag es auf der Hand, daß es nicht die wahre große Liebe zwischen den beiden war. In ihrem Innersten wußte das Mädchen das genau. Doch das Mädchen wußte nicht, was es jetzt tun sollte. Wenn sie sich von dem Jungen trennen würde, dann würde sie ihm damit sehr weh tun. Das wußte das Mädchen und das wollte es nicht. Aber es fühlte sich in der Beziehung zu dem Jungen nicht hundertprozentig wohl.

Als sie nun eines Tages wieder völlig verzweifelt über ihre Gefühle war, lief sie in den Wald, um dort etwas Ruhe zu finden. So saß sie auf einem Baumstumpf, und die Tränen tropften auf den laubbedeckten Waldboden. Da erschien plötzlich eine Frau. Das Mädchen wußte sofort, daß sie eine Hexe war, doch es hatte keinerlei Angst und sah ihr mit verheulten Augen entgegen.

Die Hexe sah sie eine Weile an und sagte dann, daß sie die Probleme des Mädchens kenne. Das Mädchen sah sie fragend an. Die Hexe entgegnete,

daß sie immer alles über die Menschen wußte, wenn sie ihnen in die Augen sah. Daraufhin bat das Mädchen die Hexe um einen Rat, was sie jetzt nur tun könnte. Die Hexe antwortete ihr, daß ihr das nur ihr Herz alleine sagen könnte, doch um dies herauszufinden, solle sie sich Zeit lassen, um nichts zu überstürzen, was sie später vielleicht bereuen könnte. Die Hexe riet ihr aber noch, etwas Abstand zu dem Jungen zu halten. Das würde ihr vielleicht die Entscheidung erleichtern und, wenn sie sich gegen den Jungen entschied, ihn auch nicht ganz so arg verletzen. Wenn er nämlich nach und nach merken würde, daß seine Liebe nicht so stark erwidert würde, würde es für ihn besser sein, es nicht auf einen Schlag zu erfahren. Die Hexe erwiderte auch, daß das Mädchen durch ein wenig Abstand wohl auch erst merken würde, daß sie den Jungen viel mehr liebte, als sie sich es jetzt im Moment eingestand. Und vielleicht würde ihre Liebe dann noch wachsen und diese Geschichte könnte doch noch mit dem Satz enden: «Und sie lebten glücklich und zufrieden bis an ihr Lebensende!»

Märchen in der Behandlung eines jungen Mädchens

Eines Tages brachte meine jugendliche Patientin A. (17 Jahre alt) ein bißchen geniert zwei Märchen mit in die Stunde. «Ich möchte Sie Ihnen vorlesen», sagte sie, «sie sind wichtig.» Sie hatte ihrer Freundin L. ein Märchen geschickt, und es hatte sich ein «märchenhafter» Briefwechsel zwischen den Freundinnen ergeben. Es ist selten, daß Jugendliche über Märchen in der Behandlung sprechen, noch seltener ist es, daß sie selber Märchen schreiben, und erstaunlich ist, daß A. diese Form gefunden hatte, um mir etwas mitzuteilen. Nun kann man Märchen, wie es häufig geschieht, symbolisch deuten, man kann, wie hier geschehen, das Märchen analytisch betrachten, zu der Behandlung gehörend. Ich möchte mich dem Aufsatz von Jean Laplanche[2]: *Die Psychoanalyse als Anti-Hermeneutik* anschließen. Er schreibt (a.a.O., S.616): «(...) der einzige Hermeneut ist das Kind, dann der Analysant.»

Ich möchte also nicht Symboldeutungen versuchen, obwohl viele bekannte Elemente in diesem Traum dazu verführen: das tiefe Meer, der Schatz, die Fee, der Sturm, Ketten, die Themen der Adoleszenz, die Freundschaft zum gleichen Geschlecht, die Zuneigung zum anderen Geschlecht, die Zukunft, der Prinz, die Heirat. Man könnte diese Märcheninhalte als «Codes, die schon bereitgestellt, eine scheinbare Evidenz vermitteln» (S.606), benutzen.

Ich habe mich in der Sitzung und in den darauffolgenden mit A. an ihre «Assoziationswege» gehalten, wir haben «Überschneidungen» gesucht (S.607). Wir haben, wie Laplanche es nach Freud nennt, «eine Entübersetzung» versucht. Es hätte für die Behandlung dieser Märchen sehr viel, sozusagen ‹manifesten› Anlaß gegeben. A. war verliebt, sie hatte einen Freund, sie kam in Konflikt mit den Freundinnen, wer nun wichtiger war.

Die Assoziationen zu den Märchen lösen (S.609) die manifeste Erzählung auf. Laplanche weist in seinem Artikel darauf hin, daß der Symbolismus die Assoziationen schweigen läßt.

Worum geht es dann in diesem Märchen? Vielleicht um den Versuch, die Rätsel zu lösen, die, wie früher dem Kind, ein wenig später dem Heranwachsenden gestellt sind. So ist anfangs das Rätsel, wie Laplanche ausführt, «nicht der Geschlechtsunterschied, sondern die Unterscheidung zwischen den Geschlechtern, und welchen Unterschied es gibt, der von Anfang an vom Erwachsenen als eine zu entziffernde Botschaft präsentiert wird» (S.610).

Jetzt geht es um die Rätsel, die der Heranwachsende vorfindet. Theorien sind, wie Laplanche sagt, «Formgebungen, die vom Menschen benutzt werden, um die Rätsel zu meistern». Auch ein Märchen bietet eine Form, und das, glaube ich, war hier das Entscheidende. Meine junge Patientin hatte eine Form für ihre Botschaft gefunden, hatte sie doch schon über drei Jahre mit mir an «Übersetzungen» gearbeitet – etwas, was Laplanche «die Aufnahme der Botschaft des anderen» nennt (S.613). War sie doch «Hermeneutiker, Übersetzer, Theoretisierer», nach Laplanche «Facetten ein und derselben Aktivität, der der Aufnahme der Botschaft des anderen». Die großen Grundfragen nach Laplanche (S.614) «woher kommen wir? Wohin gehen wir? Warum die Geschlechter? etc. – stellen sich dem

[2]　Laplanche, J. (1998): Die Psychoanalyse als Anti-Hermeneutik. Psyche, 52, 7, 605-618.

Individuum nur durch den Anderen», also in der analytischen Situation, in der Situation der «analytische(n) ‹Verführung›, die wir ‹Übertragung› nennen» (S. 615).

Ich habe versucht, mit dem Mädchen die Fragen, die sich gestellt haben, in diesem Sinn zu erhellen, «die ursprüngliche, in der analytischen Kur erneuerte Situation ist also nicht ‹Ich bin hier in der Situation und ich deute›, sondern der andere richtet sich an mich auf rätselhafte Weise und ich (Säugling, Analysant) übersetze.»

Ich greife hier insofern einige Aspekte des Artikels von Jean Laplanche auf, als eine Möglichkeit angedeutet ist, die Produktionen unserer Patienten anders zu lesen. Meine Patientin war, als sie vor etwa drei Jahren zu mir kam, in einem beklagenswerten Zustand, den sie selber unerträglich gefunden hatte. Sie hatte ihrem Vater aufgetragen, einen Therapieplatz für sie zu suchen, sie hatte bemerkt, daß ihr Zwang, im Bett der Mutter schlafen zu müssen, ihr Zwang, die Mutter kontrollieren zu müssen, und wenn dies nicht geschah, Ängste, ja Panikattacken erlitt, daß dies nicht einfach nur hinzunehmen, sondern vielleicht zu verstehen sei. (Die Großmutter meiner Patientin ist Analytikerin, und von daher gab es ein Wissen über ein mögliches ‹Verständnis›.) Die Mutter hingegen hatte im ersten Gespräch geäußert, sie fühle sich von diesen Symptomen eigentlich nicht gestört. Die erste Form, die von der Patientin selbst potentiell als verstehbar identifiziert wurde, war also ihr Symptom.

Wir haben in der langen Therapie, die seither folgt, die einstündig einen

analytischen Prozeß in Gang gebracht hat, immer versucht, den Assoziationen zu folgen, die die in eine Form gebrachten Inhalte erhellen konnten. Nach dem Symptom war die nächste Form, die auftauchte, eine Art Halluzination. Das Mädchen hörte Hilferufe, die sie schließlich an Hilferufe der Mutter erinnerten. Obgleich diese ihres Wissens nie um Hilfe gerufen hatte, erinnerte sie sich doch, daß sie die Mutter einmal in ihrem Auto gefunden hatte, nach einem Unfall vor dem Haus, blutüberströmt, bewußtlos. Sie war viereinhalb. Die Rufe, die sie gehört hatte, wie sie sich erinnerte, und die sie im Verlauf der Behandlung auf einmal wieder hörte, waren Ausdruck ihrer eigenen Angst «Mutter, wo bist du?», und es waren die Rufe der Mutter, die die Tochter nicht loslassen konnte. Dann konnte sie dieses neue Symptom irgendwann aufgeben.

Die nächste Form, die in diesem Zusammenhang relevant ist, waren die Märchen. Es muß eine Reihe von Märchen gegeben haben, die sich die beiden Mädchen, die beiden Freundinnen geschrieben haben, Märchen, in denen sie einander die Rätsel aufgaben, die sie beschäftigten.

Seit wir über diese Märchen gesprochen haben, träumt nun die Patientin. (Die eigentliche symbolische Form). Sie träumt zunächst analog zum Märchen Träume, in denen wundersame Tiere sprechen, etwa der Wellensittich der Mutter, Träume, in denen die Menschen, die Eltern, bedrohliche Tierformen annehmen. Das junge Mädchen sieht die Entwicklung vom Symptom über die Halluzinationen, die in Paniken kaum mehr zu halten waren, über die Form, die sie gefunden hatte, und jetzt ihre Fähigkeit zu träumen. Sie selber begreift dieses als einen wichtigen Schritt in ihrer ‹Entwicklung zum Menschen›. Sie sagt: «Ich konnte nie träumen, da waren doch immer meine Zwänge.»

Ich meine, daß diese Märchen eine Art mythische Theorien bilden, den Mythen der Ethnologie vergleichbar, die nach Lévi-Strauss «die intellektuelle Unruhe und gegebenenfalls die existentielle Angst zu mildern in der Lage sind».

Der Traum vom Wellensittich: Der Wellensittich ist wie ein Mensch, sagt schreckliche Dinge, sie weiß nicht mehr, was will er, will er ihr etwas antun? Aus diesem Traum wacht sie auf, sie denkt, ich werde ihn mit der Therapeutin besprechen, träumt dann weiter, ist auf einem Schiff, der Wellensittich ist wieder da, verfolgt sie, sie stürzt ab in die Schiffsschraube, aber dort kriegt sie Luft, steht dann da mit drei Koffern, die ziehen sie runter, da läßt sie sie los, jemand hilft ihr wieder nach oben, sie wacht auf, da hört sie, wie die Mutter spät zu Bett geht, sie ruft sie, sagt: «Mama, ich habe schlecht geträumt», und zum ersten Mal tröstet die Mutter sie. A. erinnert sich, daß die Mutter sie nie trösten konnte, daß sie sich auch nie von der Mutter hat trösten lassen, eher vom Vater. Sie hatte immer das Gefühl, sie selber muß auf ihre Mutter aufpassen, sie muß die Mutter trösten, deswegen konnte sie früher nicht schlafen. Sie wußte, die Mutter sitzt alleine im Wohnzimmer und trinkt Alkohol, und dann wird sie die Treppen zum Schlafzimmer nicht hinaufgehen können, sie wird abstürzen und sie wird sich etwas antun. A. kann begreifen, daß sie Angst hat, der Mutter könnte etwas passieren, ihr selber könnte etwas passieren, aber auch vor ihrer Wut, daß sie, wenn sie die Mutter losläßt, die sie hinunterzieht wie ein Koffer, und sich rettet, die Mutter vielleicht abstürzen läßt. A. hat es geschafft, sich von der Mutter trösten zu lassen, eine Form zu finden zwischen ihr und der Mutter. Das ist eine wichtige Leistung. Das Märchen war der Mythos der Form, der dazwischen lag.

(Anschrift d. Verf.: Carmen Wenk-Reich, Scheuerleweg 3, 79227 Schallstadt)

Buchbesprechung

WALTER SCHERF

Das Märchenlexikon

München (Verlag C. H. Beck), 1995, 2 Bde., 148,– DM

Das Märchenlexikon von Walter Scherf ist mehr als nur ein hochinteressantes und inhaltsreiches Nachschlagewerk für Märchenliebhaber: Gleichzeitig ist es auch ein Stück psychologischer Fachliteratur und europäischer Kulturgeschichte, vermittelt durch das Medium Märchen.

Der Autor stellt dem Leser im *Märchenlexikon* rund 500 europäische und außereuropäische Märchen vor. Die einzelnen Artikel sind nach Märchentiteln alphabetisch geordnet und in jeweils 4 Abschnitte gegliedert. Abschnitt (1) gibt Auskunft über die Überlieferungs- und Veröffentlichungsgeschichte des Märchens, die Sammler, Herausgeber und Illustratoren. Der folgende Abschnitt (2) gibt den Inhalt des Märchens wieder. Die Nacherzählungen sind ausführlich und sprachlich an der Erzählweise der Märchen orientiert. So kann der Leser sich leicht in die Bilderwelt der vorgestellten Fassung hineinfinden. In Abschnitt (3) geht es um die Querverbindungen des vorgestellten Märchens zu Varianten in anderen Sprachen und Kulturen und um Zugänge zu einem psychologischen Verständnis. Den Schluß eines jeden Artikels (4) bildet ein umfangreiches Literaturverzeichnis.

Walter Scherf, langjähriger Direktor der Internationalen Kinder- und Jugendbibliothek in München, hat sich außer mit Märchen- und Kinder-literaturforschung stets auch mit Kinderspiel und dem psychoanalytischen Verständnis von Spiel, Märchen und Kinderliteratur beschäftigt. Was das Märchenlexikon so spannend macht, ist die Verbindung von Scherfs profunder Kenntnis der europäischen Märchenliteratur mit seinem psychologischen Zugang zu den in den Märchen dramatisierten zwischenmenschlichen Konflikten.

Der Aufbau der eigentlichen Märchen, so Scherf, folgt einer klaren Erzählstruktur: Zunächst wird ein Konflikt auf der Ebene einer abstrahierten äußeren Wirklichkeit ausgebreitet. Darauf wird der Hörer oder Leser nach einer Grenzüberschreitung (z. B. in einen Wald hinein oder über einen Fluß oder See hinüber) mitgenommen in eine andere – seine eigene – innere Wirklichkeit. Nachdem der Hörer den Konflikt der Märchenfigur in sich selbst projektiv miterlebt und unbewußt überarbeitet hat, führt der Märchenerzähler ihn sicher wieder auf eine Erzählebene der äußeren Wirklichkeit zurück, in der der Märchenheld ein anderer, reiferer Mensch geworden ist.

Märchen sind für Walter Scherf «psychodramatisches Spielmaterial» (S. XXVIII), das sich auf einer imaginären Bühne im Kopf des Rezipienten gestaltet. Damit stellt Scherf die Märchenrezeption in unmittelbare Nähe des Spielgeschehens. Das Miterleben der Märchenhandlung wird zu einem geistigen Spiel, in dem der Hörer oder Leser sich kraft seiner Phantasie in einen (phantasiemäßig) Mithandelnden verwandelt.

Scherfs Forschungsansatz ist konsequent europäisch, mit Erweiterungen hin zu Märchen anderer Kulturen. Das macht es dem Leser des *Märchenlexikons* möglich, einen Erzählstoff, also die Dramatisierung eines psychischen Konflikts, in einer großen Breite seiner Ausgestaltung international zu vergleichen. Dabei ergeben sich oft unerwartete Einblicke, die das psychologische Verständnis eines Märchens erheblich erweitern.

So erfahren wir etwa, daß die Märchensammlung der Brüder Jakob und Wilhelm Grimm keineswegs «typisch deutsch» ist, wie das oft angenommen wird. Die Märchen der Grimmschen Sammlung sind relativ spät aus dem romanischen Sprachraum zu uns gekommen, die Grimms etwa hörten viele Märchen von Erzählern hugenottischer Herkunft. Sie bearbeiteten und veränderten sie dann für die Veröffentlichung mehr oder weniger. Manche Märchen der Grimmschen Sammlung sind den Fassungen der Volksüberlieferung nahe, bei anderen wurde hinzuerzählt, wie beim «Mädchen ohne Hände», der Schluß abgehängt wie beim »Froschkönig» oder beim «Dornröschen», oder ein anderer Schluß wurde hinzugefügt wie beim «Rotkäppchen».

Für den Psychotherapeuten, der mit Märchen arbeitet, kann es höchst interessant sein, im *Märchenlexikon* ein Grimmsches Märchen mit anderen internationalen Fassungen desselben Stoffes zu vergleichen. Die Vielfalt der märchenhaften Bebilderun-

gen eines psychischen Konflikts, insbesondere in Varianten der wirklichen Volksüberlieferung, ermöglicht es dem psychologisch Interessierten, auf der Ebene des Märchens viele «Fallgeschichten» zu einem Thema vergleichen zu können.

Nehmen wir als Beispiel das Märchen vom «Rotkäppchen» und schlagen im zweiten Band des *Märchenlexikons* unter diesem Titel nach. Dabei entdecken wir u. a. folgendes: Das Märchen stammt aus Frankreich, dort zuerst veröffentlicht von Charles Perrault 1697. Die Grimms hörten das Märchen von einer Hugenottin und nahmen es 1812, verändert, in ihre Sammlung auf. Die Perraultsche Erzählung endet grausig mit dem Tod von Großmutter und Rotkäppchen.

Die Grimms haben dann, wie Scherf schreibt, «in der üblichen Weise zusammengefügt. Das Ergebnis: ein Kindermärchen mit gutem Ausgang» (S. 996). Sie übernahmen aus dem gleichnamigen Drama von L. Tieck (1800) den Jäger als Retter und mischten noch Motive aus «Der Wolf und die sieben Geißlein» hinzu (z. B. die Wackersteine im Wolfsbauch).

Abschnitt (3) beginnt mit dem Satz «Die scheinbar so harmlose Rotkäppchenerzählung (...) hat es in sich» (S. 997). Es folgt der Hinweis auf sieben in verschiedenen Mundarten überlieferte Fassungen der französischen Volksüberlieferung, eine davon, «Die Kleine und der Wolf», wird im *Märchenlexikon* exemplarisch vorgestellt. In den Versionen der französischen Volksüberlieferung, schreibt Scherf, tötet der Wolf die Großmutter und bewirtet dann das Mädchen, als es eintrifft, mit dem Blut und dem

Fleisch der Großmutter, ehe er es, nach der berühmten rituellen Wechselrede, ebenfalls auffrißt.

Scherf stellt diesen kannibalistischen Märchenschluß in Zusammenhang mit Kinderspielen. «Wer Kinder bei ihren Grausen erregenden Spielen beobachtet, weiß, daß sie sich gleichzeitig fürchten und sich auch fürchten wollen, daß sie den Schauder des Entsetzens genießen, in zahlreicher, lärmiger Gesellschaft provozieren und abarbeiten, und daß zu ihren Spiel-Erlebnissen das Gefressenwerden ebenso gehört wie das Selberfressen. (...) Wir dürfen also keine allzuraschen Schlüsse aus der Tatsache des schlimmen Endes ziehen. (...) Kein Märchen steht allein. Einer Kindererzählung, die mit dem scheinbar unwiderruflichen Gefressenwerden endet, steht eine andere gegenüber, in der das Ungeheuer überlistet, die Schwäche des Monsters entdeckt und dem Gelächter preisgegeben wird» (S. 997/998).

Verlassen wir einen Moment das Kapitel «Rotkäppchen» und lesen im Artikel «Die Kleine und der Wolf» weiter. «Auf ältere Überlieferung», lesen wir dort in Abschnitt (3), «deutet das grausige Zwiesprachespiel vom Verzehren des Fleisches und Blutes der Großmutter hin. (...) Merkwürdig, daß der Wolf meistens spricht, als sei er die Altmutter. Und in einer Fassung heißt es unmißverständlich: Du issest meine Zitzen! Das klingt eher wie eine innere Einsicht: daß der Weg zurück in die frühe Kindheit die Phantasien des Oralsadismus wachruft, um mit Melanie Klein zu reden. (...) Freßdämon und Urmutter werden jedenfalls gleichgesetzt» (S. 688).

Neben diesen grausig endenden volkstümlichen Fassungen des Rotkäppchenmärchens stehen Märchen, die zum gleichen Erzähltyp gehören (AT 333), in denen das Mädchen jedoch die Freßdämonin austrickst und ihr entkommt. Im *Märchenlexikon* begegnen wir, einem von Scherfs vielen Verweisen folgend, im Artikel vom «Tüschele Marüschele» solch einem gewitzten Mädchen, das nach einer wilden Verfolgungsjagd über einen Fluß hinüber entkommt, während die Großmutter, die sich als Menschenfresserin entpuppt hat, im Fluß ertrinkt. Tüschele Marüschele verhöhnt die Ertrinkende: Sie habe das Mädchen fressen wollen, dafür sei die liebe Großmutter jetzt trinken gegangen.

Noch vielen weiteren Märchenmotiven, die das Verständnis des Rotkäppchenmärchens vertiefen und erweitern, könnten wir im *Märchenlexikon* nachspüren. Besonders die Erzählungen vom «Haushalt der Hexe» (AT 334) – fünf Märchen davon haben im *Märchenlexikon* je einen eigenen Artikel – und «Die dicke Nonne» (AT 366 B) scheinen hier ergiebig zu sein. Und schon hätten wir uns festgelesen…

Noch einmal Walter Scherf: «Was alle diese Erzähltypen, Untergruppen und Spielformen verbindet, ist die Begegnung mit dem Freßdämon, die in grausigen und oft herausfordernden Frage- und Antwort-Spielen – ganz ähnlich wie in einer Gruppe eng verwandter Kinderspiele – erlebt und ausgekostet wird. Zwar ist viel über das Rotkäppchenmärchen geschrieben worden, und die jüngsten Darstellungen meinen mit Enthüllungen und Sensationalisierungen ihren Lesern die Augen öffnen zu sollen über die emanzipatorischen und sexuellen Aspekte der Angelegenheit. (...) Aber eine gründlich erarbeitete Materialsammlung auf breitestmöglicher Grundlage dieses Bündels verwandter Erzähltypen, ihre Zusammenschau und ihr Vergleich mit den entsprechenden Kinderspielen steht noch aus. Zöge man dann vorsichtige Schlüsse über die psychodramatische Verarbeitungsfunktion sowohl der Märchen als auch der Spiele, so käme man gewiß zu natürlicheren und überzeugenderen Ergebnissen» (S. 1239/1240).

Ohne einer genauen Untersuchung des Rotkäppchenstoffes vorgreifen zu wollen: Das umfangreiche Material, das der Leser bereits in Scherfs *Märchenlexikon* finden kann, scheint die häufig verwendete Metapher vom männlich verstandenen Wolf, der das Rotkäppchen, eine Frau, sexuell verführt oder einem Mädchen sexuelle Gewalt antut, nicht zu bestätigen. Diese Sichtweise mag, erzählerisch gesehen, auf der Verbreitung der Fassungen von Perrault und den Grimms basieren.

Alle anderen Märchenvarianten reden deutlich von einem weiblichen Freßdämon, der oft auch direkt als Großmutter benannt wird. Wie mag es dazu gekommen sein, daß ein Märchen, in dem die Auseinandersetzung eines Mädchens mit einer Dämonin dramatisiert ist, sich in unserem gesellschaftlichen (Un-)Bewußtsein gewandelt hat in einen Konflikt des Mädchens mit einem männlich gesehenen Dämon?

Für den psychologisch interessierten (und psychotherapeutisch tätigen) Forscher dürfte eine Sichtung des Rotkäppchenstoffes im internationalen Vergleich und dessen erzählerische Veränderung im Laufe der Zeit manche Fragen aufwerfen. Insbesondere die frühe Mutter-Kind-Beziehung, das Beziehungsgeflecht Kind-Mutter-Großmutter und deren psychische Repräsentationen könnten hier von Interesse sein. Eine so verstandene psychoanalytische Märchenforschung könnte für die psychotherapeutische Praxis noch ungeahnte Verstehens- und Behandlungsmöglichkeiten eröffnen.

Walter Scherfs *Märchenlexikon*, die Quintessenz seiner jahrzehntelangen Märchenforschung, stellt hierfür, in zwei Bänden leicht zugänglich, nicht nur das erzählerische Basismaterial zur Verfügung. Darüber hinaus vermittelt Scherf dem Leser, fein dosiert, die Einsichten, die ihm seine Beschäftigung mit Märchen im europäischen Vergleich über menschliche Beziehungskonflikte und deren Bewältigung gegeben haben. Diese aus einem tiefen Verständnis der Märchen gewonnenen Erkenntnisse machen das *Märchenlexikon* auch zu einem bewundernswerten, originellen Stück psychologischer Fachliteratur.

Gudrun Lehmann (München)

ANITA ECKSTAEDT

Struwwelpeter. Dichtung und Deutung.
Eine psychoanalytische Studie

Frankfurt am Main (Suhrkamp Verlag), 1998, 48,– DM

Seit dem ersten Erscheinen des *Struwwelpeter* sind über 150 Jahre vergangen. Ursprünglich waren die Geschichten nicht zur Veröffentlichung gedacht, der Psychiater Heinrich Hoffmann hatte sie aus Unzufriedenheit über das Kinderbuchangebot als Weihnachtsgeschenk für seinen kleinen Sohn gezeichnet. Kaum ein Kinderbuch hat eine so große Verbreitung erfahren, es wurde in fast alle Sprachen der Welt übersetzt. Von Anfang an hat das Buch zu Diskussionen über das vermittelte Wertesystem geführt. Für die pädagogischen Vorstellungen des 19. Jahrhunderts waren die Helden der Struwwelpeter-Geschichten zu aufbegehrend, Eltern hatten Angst, daß ihre Kinder daraus Unarten lernten.

Ein Jahrhundert später wurde das Buch im Zuge der antiautoritären Bewegung als «schwarze Pädagogik» radikal abgelehnt.

Auch wenn die Figuren des *Struwwelpeter* nicht mehr wie einst in die innere Welt der heutigen Kinder Eintritt finden und andere Helden ihn lange abgelöst haben, so kennt doch auch heute fast jedes Kind den Struwwelpeter. Der innere Abstand und das Befremden, das die Kinder heute mitunter dem Buch gegenüber zeigen, ist u. a. daraus zu erklären, daß die im *Struwwelpeter* dargestellte Welt kaum noch etwas mit der Alltagsrea-lität unserer Kinder zu tun hat. Die den Märchen eigene «Geschichtslo-sigkeit» und Tiefendimension, die eine zeitunabhängige Wirkung hervorrufen, scheinen mir dem Buch aber nur teilweise eigen zu sein.

Anita Eckstaedt versucht mit ihrer psychoanalytischen Interpretation das Phänomen der breiten Rezeption und Wirkung des *Struwwelpeter* zu verstehen; das historische Moment läßt sie dabei weitgehend unberücksichtigt.

Ihre zentrale These ist, daß es sich sowohl beim Schöpfungsprozeß auf der Seite des Autors als auch beim Rezeptionsvorgang auf der Seite des Lesers und Betrachters um Projektionsvorgänge handelt. Die Projektion Heinrich Hoffmanns auf seine Struwwelpeter-Helden wird von Anita Eckstaedt aber nicht nur insofern verstanden, als daß jedes Werk ein bewußter, v. a. aber ein unbewußter Ausdruck der Psyche des Künstlers ist, was man im weitesten Sinne auch Projektion nennen könnte. Sie verwendet den Begriff im «pathologischen» Sinn als unbewußten Abwehrvorgang:

Das eigene Leiden und das erlittene Trauma werde von Heinrich Hoffmann nicht zur Kenntnis genommen und bewußt erlebt, sondern auf den anderen, in diesem Fall auf den Struwwelpeter projiziert. Dies geschehe in verschlüsselter und entstellter Weise, so daß auf der manifesten Ebene nur die Abwehr, nicht der latente Inhalt, die Darstellung der traumatischen Kindheitsgeschichte zu erkennen sei.

Kern ihrer Interpretation des Struwwelpeters ist der Tod der Mutter Heinrich Hoffmanns, als dieser ein halbes Jahr alt war. Daß dieser Verlust für Hoffmann ein unverarbeitetes Trauma geblieben ist, versucht Anita Eckstaedt aus den Lebenserinnerungen Hoffmanns zu belegen: So habe Hoffmann den Tod seiner leiblichen Mutter nur kurz erwähnt und auch ein falsches, um einige Monate früheres Sterbedatum angegeben. Er lobe die Stiefmutter und äußere sich skeptisch über den Charakter der leiblichen Mutter. All dies wird von der Autorin als Abwehrarbeit des Unbewußten interpretiert und weise darauf hin, wie traumatisch der Verlust der Mutter in Wirklichkeit gewesen sein muß. Analog zu der Verdrängung im biographischen Material ist der Tod der Mutter auch im *Struwwelpeter* nicht dargestellt.

Der Struwwelpeter als Projektionsfigur seines Autors wird dann zur Projektionsfigur für den Leser. Der Text selbst enthalte die Aufforderung zur Projektion: «Sieh einmal, hier steht er, pfui, der Struwwelpeter!» Alles Störende, Unliebsame, Unerträgliche, alle negativen Eigenschaften kann der Betrachter auf die Struwwelpeter-Helden projizieren und steht dann selbst entlastet und unschuldig da. Diesem Mechanismus schreibt die Autorin die Verbreitung und besondere Wirkung des Bilderbuches zu.

Zunächst versucht Anita Eckstaedt ihre zentrale These von der Projektion des unverarbeiteten Kindheitstraumas des Autors auf die Figuren im *Struwwelpeter* allein aus der Interpretation des Werkes – ohne Einbeziehung biographischen Materials – darzustellen. Später betrachtet sie die Lebensgeschichte Heinrich Hoffmanns, um dann in einem dritten Schritt den Niederschlag der persönlichen Erlebnisse im Werk nachzuweisen.

Bereits in der Titelgeschichte und auf der Umschlagseite des *Struwwelpeter* ist der zentrale Aspekt ihrer Deutung das abwesende mütterliche Objekt. Struwwelpeter sei dargestellt als ein Junge von etwa drei bis vier Jahren, der noch gar nicht fähig ist, sich die Haare selbst zu kämmen oder die Nägel zu schneiden. Eine Mutter, die diese Pflegeleistungen übernimmt, ist aber nicht da. Sein Gesicht sei nicht «aufbegehrend-trotzig», sondern «traurig-apathisch» und «hilflos». Die Umschlagseite wird einer sehr komplexen Analyse unterzogen. Raum- und Farbsymbolik spielen hierbei, wie auch in den Analysen der weiteren Geschichten eine große Rolle. War die Interpretation von Struwwelpeters Einsamkeit noch verständlich, so geschieht nun eine Überstrapazierung der Details, die kaum noch nachvollziehbar erscheint. Das Ergebnis der Analyse läßt sich kurz zusammenfassen: Das spielende Kind in dem Bild links in der Mitte sehnt eine ferne Zeit an der Hand der Mutter herbei. Der Wunsch ist zu schmerzhaft, als daß es der Mutter ins Angesicht schauen könne. Von daher sei die Darstellung des Mutter-Kind-Paares von hinten (Bild rechts in der Mitte) zu erklären.

Es bleibe aber ein Trost auf eine Wiederbegegnung, dann, «wenn das Christkind (oberer Bildteil) am Heiligen Abend auf die Erde kommt, dem Tag der Begegnung des Himmels mit der Erde».

Alle weiteren Figuren in den einzelnen Geschichten faßt Anita Eckstaedt als Variationen des Struwwelpeters auf; es handle sich um die Darstellung der Kindheitsgeschichte und der psychosexuellen Entwicklung des Struwwelpeters.

Friedrich ist ein Junge von acht bis zehn Jahren. Bild und Text zeigen zunächst das Wüten Friedrichs, seinen Triumph. Niemand frage nach dem Grund von Friedrichs Schlimmsein. Die Depression und Apathie Struwwelpeters sei hier in wilde Raserei umgeschlagen. Niemand ist da, der seiner Wut Einhalt gebietet. Friedrich verschiebe seine Wut, die er auf die ihn nicht liebende Mutter hat, auf den Hund, den er schlägt. In der unbewußten Phantasie bedeute dies dann, die Mutter geschlagen zu haben. Die Strafe erfolge mit dem Hundebiß, der nichts anderes bedeute, als daß sich Friedrich selbst beiße; die Aggression führe auf ihn selber zurück.

Das Motiv für Paulinchen sei möglicherweise die Kastration Friedrichs durch den Hundebiß. Paulinchens Spielen mit dem Feuer wird als Suizidversuch aufgefaßt, aber auch als Vergeltungsmaßnahme gegenüber den Eltern mit masochistischem Preis. Der Tod in den Flammen bedeute die Wiedervereinigung mit der Mutter, es handle sich um «eine unbewußte destruktive Phantasie im Dienste der Erlösung».

In der Geschichte vom wilden Jäger sei der Held in die ödipale Phase gekommen. Der Hase entmachte den Jäger durch den Raub von Flinte und Brille und rivalisiere mit ihm um die Frau. Vor allem wolle er das Geheimnis zwischen den Geschlechtern erkunden. Letztlich verbrenne er sich an der für ihn viel zu erregenden Liebesgeschichte.

Die Fortsetzung findet in der Geschichte vom Daumenlutscher statt: Konrad sei nach dem wilden Traum mit dem Jägersmann, nach dem Ausleben der aggressiven Rivalität mit dem Vater, voller Schuldgefühle. Er werde so klein, daß er zum Daumenlutscherkind wird, leugne seine sexuelle Neugier und verschiebe diese auf orale Bedürfnisse. In Wirklichkeit gehe es aber um Selbstbefriedigung, der die Kastration folgt. Der Jäger aus der vorherigen Geschichte vollziehe nun in Gestalt des Schneiders, was auch aus der Farbgebung ihrer jeweiligen Kleidung zu erkennen sei, die Kastration.

Suppenkaspar wird im ersten Bild als dickes, aber wie der Text im Bilderbuch sagt «kerngesundes» Kind mit roten Backen dargestellt. Für Anita Eckstaedt ist er «zu dick» geworden. Bereits auf der Umschlagseite (Bild von dem allein essenden Kind unten in der Mitte) habe man ihn auf das Essen als Ersatzbefriedigung «eingeschworen». Die Verwirrung in bezug auf orale Befriedigung müsse aber nach dem Kastrationserlebnis des Daumenlutschers groß sein. Nun sagt Kaspar Nein zum Essen, Nein zum weiteren Wachsen. Wieder erscheint keine für Kaspar sorgende Person, kein liebendes Objekt. Der Weg, wie man in den Himmel komme, den störenden Körper los werde, vollziehe sich nicht mehr

wie bei Paulinchen über die Auflösung im Feuer, nun geschehe die
Wiedervereinigung mit der Mutter
über das Element Erde.

In der Geschichte vom Zappel-
Philipp habe der Vater wieder gehei-
ratet. Das starre Verhalten, die räum-
liche Distanz zum Kind und die
Stummheit wiesen darauf hin, daß es
sich nicht um die leibliche Mutter
handelt. Aufgrund seiner Vorge-
schichte müsse es Philipp sehr schwer
fallen, den Vater mit jemanden zu teilen. Philipp fühle sich «überrum-
pelt» und «überrumpele» seinerseits.
Am Ende ist er durch den Sturz von
den Eltern getrennt. Niemand fragt
nach dem Grund, warum Philipp
zum Störenfried werde. Die Liebe des
Vaters gelte der Stiefmutter.

Nur einem Kind, das «total in seinen Träumen gefangen ist», könne es
passieren, über einen großen Hund zu
stolpern. Hans Guck-in-die-Luft fällt
über sich selbst, denn der Hund ver-
körpere seine eigenen Gedanken und
Wünsche. Im zweiten Teil der Geschichte fällt Hans wegen seiner
Träumerei ins Wasser. Es sei zum
dritten Mal der Versuch, durch den
Tod eine Wiedervereinigung mit der
Mutter zu erlangen, diesmal durch
das Element Wasser. Doch er wird gerettet, und zwar durch Männer, v. a.
durch den älteren Mann. Der jüngere
Mann repräsentiere einen reiferen
Aspekt von Hans, der nicht mehr mit
dem Vater rivalisiert, sondern ihn ak-
zeptiert.

«Weil das Leben für ihn so schwer
ist», müsse dieser Lebensmöglichkeit
in der Identifikation mit dem Vater
noch einmal eine Wiedervereini-
gungsphantasie entgegengesetzt werden.

Nachdem der Held in dichte Ver-
wicklung mit den Elementen Feuer,
Erde und Wasser geraten ist, begegnet er jetzt der Luft. Der fliegende
Robert lasse sich in seiner Phantasie
vom Wind zur Mutter in den Himmel tragen, auf der Erde habe er kein
neues Objekt finden können.

Auch wenn in dieser kurzen Zusammenfassung einzelne Aspekte von
Anita Eckstaedts breit angelegten Interpretationen unberücksichtigt geblieben sind, so enthält sie doch die
wesentlichen Aussagen. Die Autorin
geht a priori mit ihrer zentralen These
der abwesenden Mutter, des unverarbeiteten Traumas, des einsamen, seinen Phantasien überlassenen Kindes
an das Buch heran und versucht diese
These – wie ich meine oft auch gegen
den Text lesend – zu beweisen. Dabei
geht jede Ambivalenz und Vielschichtigkeit verloren. Der Aspekt
des einsamen, verlassenen und ungeborgenen Kindes ist in einzelnen Geschichten sicherlich vorhanden, doch
erscheint mir nicht die gesamte Aussage des Buches darauf reduzierbar.
Ohne Kenntnisse über die Biographie
des Autors wäre diese Deutung des
Struwwelpeters auch kaum denkbar.
Besonders offensichtlich wird dies
z. B., wenn am Familientisch Philipps
die Stiefmutter eingeführt wird.

Trotz Eckstaedts Achtung für
Hoffmanns Lebenswerk geraten ihre
Ausführungen zu seiner Lebensgeschichte in die Nähe einer Pathogra-
phie.

Psychoanalytische Deutungen von
Kunstwerken werden immer dann
schwierig, wenn entweder die Pathologie des Autors oder die Pathologie
seiner Helden in die Deutungen einbezogen werden. Mitunter werden

künstlerische Produkte durch die psychoanalytische Begrifflichkeit nicht erhellt, sondern zerstört.

Die Beziehung zwischen manifestem und latentem Text, in der Anita Eckstaedt ihre Interpretation ansiedelt, wird – trotz aller Detailanalyse – vereinfachend dargestellt, so daß z. B. der manifeste Text keinerlei Bedeutung mehr zu haben scheint, sondern lediglich die Abwehr darstelle, wie die Autorin meint. Und an dieser Abwehr partizipiere dann projektiv der Leser. Die Generationen von Kindern, die an dem Aufbegehren, den Frechheiten, der Verweigerung, dem den Kindern eigenen Bewegungsdrang und auch einem gewissen «Sadismus» der Helden auch ihren Spaß hatten, hätten diesen Spaß nur gehabt, da sie ihren eigenen Sadismus auf die Figuren projizieren konnten?

Wenn man der Interpretation Anita Eckstaedts den Vortrag von Georg Groddeck über den Struwwelpeter aus dem Jahr 1927 gegenüberstellt, so sieht man zum einen, wie sehr eine solche Deutung vom historischen Normensystem, in diesem Fall vom Erziehungsstil der Zeit, abhängig ist. Zum anderen zeigt sich aber auch, wie psychoanalytische Interpretationen oft mehr über das psychoanalytische Konzept aussagen, mit dem man an das Werk herangeht, als über das Werk selbst.

Elfi Freiberger (München)

Mitteilungen

Tagungskalender

1998

27. – 29. November 1998 – München
Tagung der Akademie für Psychoanalyse und Psychotherapie e.V. München
Thema: Die Veränderung beginnt im Psychotherapeuten – psychoanalytische Familientherapie in Deutschland
Auskunft: Akademie für Psychoanalyse und Psychotherapie e.V. München, Schwanthalerstr. 106, 80339 München.
Tel.: (089) 502 34 98, Fax: (089) 502 31 53

1999

15. – 16. Januar 1999 – Basel
Internationaler Kongreß anläßlich des 60. Geburtstages von Dieter Bürgin
Thema: Psychoanalyse in Kindheit und Adoleszenz
Auskunft: Margrit Ryser, Kinder- und Jugendpsychiatrische Universitäts-klinik und -poliklinik, Schaffhauserrheinweg 55, CH-4058 Basel (Schweiz).
Tel.: [+41] (61) 6916666, Fax: [+41] (61) 6911478

11. – 14. März 1999 – Göttingen
2. Internationaler Kongreß: «Körper – Seele – Trauma»
Auskunft: Ibrahim Özkan, e-mail: ioezkan@gwdg.de, Fax: (0551) 402-2092

13. – 16. Mai 1999 – Bad Berleburg
Jahrestagung der Deutschen Psychoanalytischen Gesellschaft (DPG)
Thema: Der Traum der Psychoanalyse
Auskunft: Prof. Dr. J. Körner, FU Berlin, Arnimallee 12, D-14195 Berlin.

10. – 12. Juni 1999 – Aachen
Jahrestagung 1999 des BKJPP
Thema: Kinder- und Jugendpsychotherapie
Auskunft: Geschäftsstelle des BKJPP. Tel.: (0241) 73960,
Fax: (0241) 79419, e-mail: CKDMOIK@aol.com

4. – 8. Juli 1999 – Wien
Zweiter Weltkongreß für Psychotherapie in Wien, Subsymposium für Kinder- und Jugendlichenpsychotherapie, The world council for psychotherapy (WCP)
Thema: Mythos – Traum – Wirklichkeit
Auskunft: WCP Head Office, Rosenbursenstraße 8/3/8, A-1010 Wien.
Tel.: [+43] (1) 5120444, Fax: [+43] (1) 5120570

Mitteilungen

Die Autoren dieses Heftes

Mitarbeiter der Poliklinik für Kinder- und Jugendpsychotherapie der Technischen Universität München:

Annette Fuchs, Dipl.-Soz.Päd.
Mirjam Hirschauer, Ärztin
Werner Hüttl, Arzt
Anna-Luise Thaler, Dipl.-Psych.

Elfi Freiberger
Germanistin und Romanistin. Analytische Kinder- und Jugendlichenpsychotherapeutin in freier Praxis.

Jochen Stork, Prof. Dr.med. Dr.phil.
Psychiater und Psychoanalytiker für Kinder und Erwachsene. Mitglied der Pariser und Wiener Psychoanalytischen Gesellschaft (JPV). Leiter der Poliklinik für Kinder- und Jugendpsychotherapie der Technischen Universität München. Buch: «Wege der Individuation» (1991).

Carmen Wenk-Reich, Dipl.-Psych.
Psychoanalytikerin (DPV) in freier Praxis. Arbeitsschwerpunkt: Spezielle Probleme der Kinderanalyse.

Inhaltsverzeichnis 1998

BUCHBESPRECHUNGEN

Das Jahrbuch zur Kinderpsychoanalyse

Österreichische
Studiengesellschaft für
Kinderpsychoanalyse (Hg.)

Studien zur Kinderpsychoanalyse

Vom Jahrgang 1995 an, mit Band ' XII, erscheinen die Studien jährlich bei Vandenhoeck & Ruprecht. Das Jahrbuch versammelt Beiträge renommierter Referenten, die bei der Österreichischen Studiengesellschaft Vorträge halten, und Originaltexte zu jeweils einem Schwerpunktthema.

Jeder Band
DM 39,– / öS 285,– / SFr 36,–
für Abonnenten
DM 35,10 / öS 256,– / SFr 32,50

Band XV

1999. Ca. 150 Seiten mit farbigen Abbildungen, kartoniert
ISBN 3-525-46044-9

Aus dem Inhalt: *Lore Watzka:* Störungen in der Entwicklung der psychosexuellen Identität / *Angelika Rubner:* Der Entwurf des Weiblichen in Mythos und Märchen / *Christine Lubkoll:* „Dies ist der Friedhof der ermordeten Töchter". Geschlechterdifferenz und Psychoanalyse in Ingeborg Bachmanns „Todesarten" / *Gerhard Härle:* Störung, Varianz und Provo-kation. Literarische Aspekte homosexueller Identitätsfindung.

Band XIV

1997. 188 Seiten mit 7 Abbildungen, kartoniert
ISBN 3-525-46043-0

Aus dem Inhalt: *Johannes Wilkes:* „Der König der Löwen" – zur Analyse einer Persönlichkeitsentwicklung / *Peter Dettmering:* Teufelsfiguren im amerikanischen Film / *Heike Dellisch:* Kinder schwer persönlichkeitsgestörter Mütter / *Angelika Rubner:* Psychoanalytisches Elterngespräch – eine Legierung zwischen Pädagogik und Psychoanalyse? / *Ulrike Hutter:* Falldarstellung / *Eike Rubner:* Märchen und Träume in psychoanalytischen Therapien / *Eike Rubner:* Märchen und Träume in der pädagogischen Gruppenarbeit (TZI).

Band XIII

1996. 188 Seiten, kartoniert
ISBN 3-525-46042-2

Band XII

1995. 165 Seiten, kartoniert
ISBN 3-525-46041-4

Weitere Informationen:
Vandenhoeck & Ruprecht, Psychologie,
37070 Göttingen

V&R
Vandenhoeck
& Ruprecht

Donald W. Winnicott:

Die menschliche Natur

Aus dem Englischen
von Elisabeth Vorspohl
2., in der Austattung
veränderte Auflage 1998,
247 Seiten, broschiert
DM 44,–/öS 321,–/sFr 41,30
ISBN 3-608-91800-0

Klett-Cotta

Den besten Aufschluß über die Natur des Menschen findet Donald W. Winnicott im Studium der frühen Kindheit. Hier wirken Psyche und Soma am eindeutigsten zusammen, hier entstehen die Muster der späteren Sozialbeziehungen, hier schließt sich aus anfangs unintegrierten psychischsomatischen Zuständen die Person zu einer Einheit und einem Kontinuum zusammen.

Die menschliche Natur ist das erste Buch, in dem Winnicott seine Erfahrungen als Kinderarzt und Psychoanalytiker zu einem Ganzen zusammenfügt. Es wendet sich an Kinder- und Frauenärzte, an Lehrer, Sozialarbeiter, Erzieherinnen, Kinderpsychotherapeuten und -psychoanalytiker. Wie wenige andere Psychoanalytiker hat Winnicott der späteren Säuglings- und Kleinkindforschung begriffliche Orientierung geboten. Als Grundlagenwerk ist es daher auch für die Arbeit anderer Forschungszweige unentbehrlich.

Psychoanalyse

Gustav Bovensiepen/Mara Sidoli (Hrsg.)
**Inzestphantasien und
selbstdestruktives Handeln**
*Psychoanalytische Therapie von
Jugendlichen*
360 S., geb., ISBN 3-86099-127-2

»... daß der Versuch geglückt ist, aufgrund einer breit abgestützten klinischen Erfahrung die psychotherapeutische Behandlung schwer gestörter Jugendlicher darzustellen.« *(Kinderanalyse)* »... in seiner entwicklungspsychologischen Schwerpunktsetzung spannend und vielfältig.« *(AKJP)*

Peter Möhring/Roland Apsel (Hrsg.)
**Interkulturelle
psychoanalytische Therapie**
256 S., Pb., ISBN 3-86099-258-9

»... so besticht dieser Band durch Beispiele aus der analytischen Praxis, an denen sichtbar wird, welche Problemlagen sich aus der interkulturellen Begegnung ergeben und wie damit umgegangen werden kann.« *(Psyche)* U. a. mit: *F. Pedrina:* Symbolisierungsstörungen im Vorschulalter; *E. Modena:* Erfahrungen mit ArbeiterInnen aus dem Mittelmeerraum; *D. Molinari:* Beratung und Therapie von Immigrantenfamilien.

S. Trautmann-Voigt/B. Voigt (Hrsg.)
Bewegung ins Unbewußte
*Beiträge zur Säuglingsforschung und
analytischen KörperPsychotherapie*
200 S., vierf. Pb., ISBN 3-86099-283-X
Beiträge von J. Lichtenberg und D. Stern sowie E. Siegel und M. Dornes. Wichtige Gedanken zu Entwicklungen der Psychoanalyse aus der Sicht der Selbstpsychologie und Säuglingsforschung: über Symbolbildung, Körpergedächtnis und -selbst sowie unbewußte Phantasiebildung.

*Bitte Gesamtverzeichnis und Probeheft
der AKJP anfordern bei:*
**Brandes & Apsel Verlag
Scheidswaldstr. 33
D-60385 Frankfurt a. M.**
Fax 069/95730187
e-mail: brandes-apsel@t-online.de

Ulrike Jongbloed-Schurig/
Angelika Wolff (Hrsg.)
**»Denn wir können die Kinder
nach unserem Sinne
nicht formen«**
Beiträge zur Psychoanalyse
des Kindes- und Jugendalters

Mit Beiträgen von
Rose Ahlheim, Frank Dammasch,
Anita Eckstaedt, Heidemarie Eickmann,
James M. Herzog, Ulrike Jongbloed-Schurig,
Hans-G. Metzger, Elisabeth Müller-Brühn,
Jochen Raue, Anne-Marie Sandler,
Angelika Wolff

Brandes & Apsel

Ulrike Jongbloed-Schurig/
Angelika Wolff (Hrsg.)
**»Denn wir können die Kinder
nach unserem Sinne nicht formen«**
*Beiträge zur Psychoanalyse des
Kindes- und Jugendalters*
*280 S., vierf. Pb. mit 8 vierf. Bildseiten
ISBN 3-86099-282-1*
Der Band enthält grundlegende und fundierte Beiträge zur Psychoanalyse des Kindes- und Jugendalters. Die AutorInnen sind erfahren und in eigener Praxis tätig. Erörtert werden Behandlungsverläufe, Fragen des Settings, zu Übertragung-/Gegenübertragung, zum Vaterbild und wie eine gestörte Entwicklung wieder in Gang kommt.

**Analytische Kinder- und Jugendlichen-
Psychotherapie (AKJP)**
*Zeitschrift für Theorie und Praxis
der Kinder- und Jugendlichen-
Psychoanalyse*
ISSN 0945-6740, XXIX. Jg.
Der *Jubiläumsheft 100* hat 160 Seiten und das Thema **Holocaust, Migration und Identität.** Es schreiben u. a. Hans Keilson, Ruth Barnett, Kurt Grünberg.

Herbert Ginsburg/
Sylvia Opper:
**Piagets Theorie der
geistigen Entwicklung**
8. völlig überarbeitete Auflage 1998.
370 Seiten, broschiert
DM 48,–/öS 350,–/sFr 45,–
ISBN 3-608-91909-0

**Eine hervorragende
Einführung in Piagets Werk,
die nun in stark erweiterter,
völlig überarbeiteter Form in
der 8. Auflage vorllegt.**

Klett-Cotta

Wie kommt der Mensch zu seinem Wissen? Dieses Buch präsentiert auf klare und verständliche Weise die grundlegende Theorie Piagets, der wie kein anderer die Entwicklungspsychologie geprägt hat. Im Mittelpunkt steht die Entwicklung des Denkens bei Kindern vom Säuglingsalter bis zur Adoleszenz, insbesondere die sogenannte Symbolfähigkeit, also die kognitiven Voraussetzungen, Gegenstände durch Symbole zu ersetzen. Weitere zentrale Themen: die Fähigkeit zu komplexen logischen Operationen, aber auch die Bedeutung von Jean Piagets Theorie für Lernen und Erziehung im allgemeinen.

Klett-Cotta

Helen I. Bachmann:

Die Spur zum Horizont

*Malen als Selbstausdruck von der
Latenz bis zur Adoleszenz*

152 Seiten, mit zahlreichen
farbigen Abbildungen, broschiert
DM 38,–/öS 277,–/sFr 35,90
ISBN 3-608-91915-5

**Dieses Buch beschreibt, wie
Ausdrucksmalen Kinder und
Jugendliche in ihrer persönlichen Entwicklung fördert
und seelische Krisen besser
bewältigen läßt.**

Helen I. Bachmann schließt mit
Ihrem neuen Titel an Ihr er-
folgreiches Buch *Malen als
Lebensspur* an und zeigt, daß
auch ältere Kinder – Kinder
vom 8. Lebensjahr bis zum
frühen Erwachsenenalter –
durchaus enormes schöpferisches Potential besitzen, wenn
man sie dabei nur unterstützt.
Gerade in den schwierigen
Entwicklungsprozessen der
Latenz, der Pubertät und Adoleszenz leistet das Ausdrucksmalen, in sorgfältig geleiteten
Malateliers praktiziert, uner-
setzliche Hilfe bei der Entwicklung der Persönlichkeit. Die
Autorin sieht in den schöpferischen Gestaltungen von Kindern – und auch von Erwachsenen – einen Ausdruck des
Individuationsprozesses, wie er
von Margaret Mahler beschrieben wurde.

Klett-Cotta
www.klett-cotta.de

Klett-Cotta

Sharon Hays:
Die Identität der Mütter
Zwischen Selbstlosigkeit und Eigennutz
Aus dem Amerikanischen von
Brigitte Milkau
314 Seiten,
Leinen mit Schutzumschlag,
Fadenheftung
DM 58,–/öS 423,–/sFr 53,80
ISBN 3-608-91876-0

Sharon Hays hat in ihrem originellen, scharfsichtigen und provokativen Buch das Dilemma der Mütter auf den Punkt gebracht.

Mütter heute – jeder glaubt das Szenario zu kennen. Die meisten von ihnen wollen zärtlich sein und liebevoll. Sie wollen ihre Kinder fördern und ihnen alle denkbaren Möglichkeiten der Entfaltung bieten. Selbstlos stellen sie eigene Ansprüche zurück, solange sie von den Kindern »gebraucht« werden. Werden diese dann größer, sind sie bereit, ihre Kinder «loszulassen«, um ihnen das Selbständigwerden zu erleichtern. Sie sorgen für eine gesunde Ernährung, leisten Fahrdienste – in die Schule, zum Musikunterricht oder zum Sport. Sie hören geduldig zu und schlichten Streit. Und sie tun dies alles gerne, bereitwillig, ohne zu murren.

Warum ist das so? Sharon Hays hat 38 Mütter mit ganz unterschiedlichem gesellschaftlichen Hintergrund interviewt. Sie fand heraus, daß alle einer Ideologie anhängen, die typisch ist für die westlichen Gesellschaften: dem Ideal der »intensiven mütterlichen Fürsorge«.

Klett-Cotta